マークス寿子

ふにゃふにゃになった日本人

しつけを忘れた父親と甘やかすだけの母親

草思社

カバー・扉イラストレーション　穂積和夫

ふにゃふにゃになった日本人◉もくじ

第三章　しつけなんてもう必要ないのか——121

第四章　いま父親は何をなすべきなのか——157

第五章　老人は生活を楽しむだけでいいのか――185

第六章　子どもの生きる力はどうしたら生まれるか――211

第一章　女性の生き方は多様化したか

1　キャリアを追求する女性たち

ハンセン病治療に一生を捧げた小川正子

いま女性のなかにキャリアを選ぶ人が増えている。

一九八六年に男女雇用機会均等法が施行され、女性も総合職として男と同じようにキャリアをつくることが、少なくとも法律的にはできるようになった。あれから十四年になろうとしている。この間、徐々にではあるが、一般職ではなく総合職として就職し、キャリアを追求したいという女性が増えて、いまではそのような職業上の差別はなくなり、誰もが男性と同じに就職することになっている。

もちろん、パートで仕事をしたい、子育てをすませたら仕事をしたい、あるいは子育ての期間を除いてその前と後に仕事をしたいという女性もいるが、結婚して子どもが生まれても一貫してキャリアを追求していきたいという女性は確実に増えているし、今後ますます増えていくだろう。

かつて、日本ではもちろんのこと、よその国でも女性は結婚するのが当然と考えられていた。思案する余地のないほど、女というものは結婚するのがふつうであり、あたりまえのこととされていた。それは結婚すればたんに幸福になれるということでなく、女というものはそういうものであり、それが女の務めとされてきたのである。

では、戦前あるいは焼け野原の戦後に、キャリアを追求する女性がいなかったかというと、けっしてそんなことはない。

ひとつは、すごく賢いとみんなに思われている女性の場合で、みずからキャリアを追求したいと思い、また自分は一生この仕事をやっていきたいと考え、まわりの人もそれを認め、その結果、研究者になったり学者になったりした。

もうひとつは、容姿に恵まれない女性がキャリアを追求したということがある。親兄弟や親戚から、あなたは容姿がよくないからふつうの結婚はできないだろう、だから手に職をつけなさいと言われて仕事についた女性の場合である。

さらに、容姿や性格が結婚に向いていないということとは関係く、なんとなく結婚できない女性というのがいて、この人たちも仕事についた。

そのほか、離婚した女性のなかにも職につく人がいた。当時は離婚してはいけないと思われていたから、離婚自体がほとんどなかったが、それでも何かの事情で離婚した女性が職業人となる場合があった。当時、離婚した女性は、子どもを夫のもとに置いて出ることが多かったので、子どもの面倒をみることが少なかったから、実家に帰って親の手伝いをしたり、親に面倒をみてもらうというのがふつうだったが、なかには、若くして離婚した場合など、自分で生計を立てていくために仕事につく女性がいたのである。

私の親戚に小川正子という女性がいた。年配の方ならその名前に記憶があるかもしれない。

小川正子は私の祖母のいとこにあたる。彼女は私の祖母の弟と結婚した。いとこ同士で結婚したわけである。彼女は私の両親の郷里である山梨県の出身で、親戚のあいだでも容姿がよくないと言われていた。昔は、美人ならすぐに結婚できたが、そうでない場合、あの子はあまり美人じゃないからと、いとこ同士で結婚させることがよくあったのである。

二人は周囲から祝福をうけてめでたく結婚したが、夫は、つまり私の大叔父は、じつは美人好きで、女らしい女が好きだった。そこで彼女は、夫の期待に応えるべく、夫に言われたとおり毎日お化粧をしたり着物を選んだりして美しくなろうとし、優雅に暮らす努力をした。ところが、結婚して一年たっても、彼女はいっこうに美しくも、しとやかにもなる気配がなかった。そして、当時理想とされていた京都風の女性になれないということがわかって夫から離縁された。

いまから考えると、信じられないほどいいかげんな離婚理由だが、身ひとつで追い出された小川正子は、そのあと一年ほど考えたすえ、親元にずっといるわけにもいかない、やはり何か身につけなければいけないと思いたち、当時の東京女子医学専門学校、いまの東京女子医科大学に入学した。女医になろうと決心したのである。女医になれば、自分の生活は自分でまかなえるし、世の中の役にも立つだろうということで女医になったと聞いている。いずれにしても、他の学生よりかなり年をとってから入学したことになる。

そして昭和四年、二十八歳で女子医専を卒業して女医になった彼女は、ハンセン病（当時はらい病と言った）患者の面倒をみる仕事についた。

当時はまだ、ハンセン病は遺伝すると信じられていたから、ハンセン病患者がひとり出ると、とくに農家ではその患者を病院に送るどころか隠してしまい、治療も受けさせなかった。こうした悲惨な状況は全国各地にみられたが、小川正子はハンセン病患者やその家族を説得して、病院に連れてくるという仕事をしたのである。

農村や山の中をめぐり歩き、あそこのうちにはハンセン病患者がいるらしいという噂をたよりにその家を訪ね、うちにはハンセン病患者はいないと言い張る家族を説得し、ハンセン病は遺伝病ではないから、きちんとした治療をすればかなりのところまで治り、人間らしい生活ができるし、家族も苦しまずにすむ、だからとにかく病院に来させなさいと説得してまわった。そして昭和七年には、瀬戸内海の長島という小島にある愛生園という病院に着任し、以後、ハンセン病患者の隔離、治療を生涯の仕事としたのである。

彼女はハンセン病患者をもつ家族の哀しみや、患者自身の苦しみや説得されて家から引き離されていく哀しみなどを手記にして、それを『小島の春』という本にして上梓した。この本は当時ベストセラーになり、いまでも売れつづけている。また、彼女の半生は昭和十五年に映画にもなった。夏川静江主演の『小島の春』である。私は観ていないが、大変評判になったと聞いている。

女は結婚するのがいい、結婚するなら美人で可愛くて、しとやかな人がいいという世間一般の考え方のなかで結婚し、離婚し、そして自分でなんとか仕事をきりひらき、その仕事で社会の役に立っていった彼女の生き方は、当時の女性のキャリアのひとつの典型だったと思う。

彼女はその後、戦時中に結核にかかって郷里に帰り、戦中のこととて栄養のある食べ物もなく、面倒をみてくれる人もなく、治療も受けられないままに昭和十八年に亡くなったと聞いている。

彼女はいまでいうキャリアウーマンとして一生を送り、いまからみれば、社会に尽くした女性であり、自立した女性である。実際、彼女に敬意を表する文章がさまざまに書かれ、そういう話も聞いているが、しかし当時は、偉い人ではあったかもしれないが、幸福でない女の典型と考えられて、女としては不幸な人だったと言われることが多かったような気がする。

私が学者をめざしたわけ

じつは私は、子どものときから、おまえは正子さんに顔がそっくりだよと言われ、ああいうふうになったら女としては不幸だよと言われつづけてきた。

その小川正子が結婚し離婚した相手である、祖母の弟で私の大叔父にあたる人物は、親戚のなかの出世頭で、大臣を務めたこともある政治家だったから、それこそ親戚じゅうの人間が、大叔父にいろいろなことを相談した。就職から結婚の世話まで、みんなのための相談役として家長のような役割をはたしていた。私の母も事あるごとに大叔父を訪ねたが、その際にはたいてい私を連れていった。すると大叔父はきまって、「この娘《こ》は不幸になるよ、ちゃんと結婚できないと困るから、早いうちから女のたしなみを身につけさせて、これがしたい、あれがしたいなんて言いださないうちに親が婿さんをきめて嫁入りさせなさい。でないと不幸になるよ」と、母に忠告したという。

実際、私はそんなふうに心配されてもしかたのない子だった。当時、男の子がすることと考えられていた木登りや石投げなど活発なことが大好きで、静かにじっと座っているとか和服を着るとかいう女らしいことがちっとも好きではなかった。

それでも、戦争中だったのと、父が離れて仕事をしていたのと、母が畑に出ていたので、否も応もなく、薪でのご飯炊きや洗濯板を使っての洗濯や繕いものをやらされた。もっとも、こうしたことはうちにかぎったことではなく、戦争中はどこの家でも、子どもたちの仕事だったのである。私は長女だったので全部やらされたわけだが、これは女のたしなみとはちょっとちがう、生きていく術《すべ》とでも言うべきもので、それを仕込まれた。

日本が復興しはじめてからも、私はお茶やお華や料理といったお稽古事をしたことはないが、子どものときに否応なしにやらされたご飯炊きや洗濯や繕いものなどの技術が、あとになって大変役に立った。その当時、どこの親も子どもを甘やかすようなことはなく、当然のこととして、子どもに家事を手伝わせたのである。

私が中学校にすすんだころには、憲法で男女同権がうたわれていたものの、女と男はちがうものだという考え方がまだ一般的で、女は男と同じように勉強や仕事をするものとは考えられていなかった。むしろ、勉強や仕事をしなければならないような女の子は不幸な子、かわいそうな女だと思われていた。だから、私が親の反対を押しきって大学へ入り、男の学生がするのと同じような勉強をしたときも、親だけでなく、周囲の人からも、そんなことを女の子がするなんて変だねとか変わった子だねとか言われた。

しかし、そうやって男と同じような勉強をし、同級の男たちよりいい成績をおさめても、就職口はほとんどなかった。いまのように不況で就職口がないというのでなく、はじめから女性は就職できないという前提があったのである。

結果として、私は就職口がなかったために、学者になろうと思って大学院へすすんだのだが、今度は女が学者になるということが、別の意味で問題だった。文学や家政学ならともかく、法律や政治学など、男の領域と考えられている分野に女性が入ろうとすると、そういう女性は女であってはいけないとされていたのである。つまり、女らしいことはすべてあきらめ、化粧をするとか女らしい洋服を着るといったことをいっさい返上し、男と同じように黒い服を着て、女っぽいところは何もない、「準男性」というか、男性のコピーとして仲間に入れてやろうという世界だったのである。

ところが、こうして中に入れてもらっても、女は女であるから、お茶汲みは女がしなさいと言われた。もちろん義務ではなく、ごくあたりまえのこととして期待され、実際それに従う女性が多かったが、しかし、私はしなかった。

大学の男社会に直面して

私のように、大学なら男女の能力差別はないだろうから、男も女も一生懸命に研究する人間は同等に扱われるだろうと考えて大学に残り、その後に講師になった人間には、また別の難しさがあった。

私は大学院を修了し非常勤講師をやったあとで、たまたまイギリスのロンドン大学に採用され、研究員としてロンドンへ行ったのだが、そのロンドン大学の研究員だったときに、こんなことが起こった。

私が出た大学院の法学部の学部長が、ちょうどそのころ、一年間の予定でロンドンに留学することになった。私はそのことを同僚から通知され、学部長が行くから、できることがあったらしてあげてほしいと言われていた。もちろん、私もできることがあればするつもりでいた。ところが、学部長がロンドンに来て、私に連絡してきて頼んだことは、一週間に何回か自分のところに来て、料理や洗濯などの生活の面倒をみてほしいということだった。

そのとき私は、ロンドン大学に採用されて、そこから給料をもらっていたので、当然のことながら、日中はロンドン大学のために研究の仕事をしなければならない。それ以外のことに時間を割くことは仕事をサボることを意味する。学部長の勉強のために本探しをするとか、たまに観光に案内するのはいいとしても、先生の生活の面倒をみるのは私の務めではないし、やりたいことでもなかったので、きっぱりお断りした。

私がお断りしたことが原因かどうかいまもってわからないが、学部長はロンドンの生活に耐えられなくなり、一年間の予定を早めて半年ほどで日本へ帰られたという。私がちゃんとお世話をしなかったことで、先生が不愉快になられたり、あるいは海外での暮らし、英語を使っての暮らしが非常に難しかったということがあったのだろう。

のちに、私がお世話をしなかったことを学部長が非常に恨みに思っていることを同僚から聞いた。そして、あのときちゃんと先生の面倒をみていれば、日本へ帰ってきたときにいい就職口を世話してもらえたのに、おまえはばかだと言われた。また、学部長自身が、あんな女だとは思わなかった、あいつが日本へ帰ってきても絶対に日本では就職させない、大学のポストは持てないようにしてやると言っているという話も聞いた。

その先生は、私がいた大学の法学部の学部長であるだけでなく、学会などさまざまなところで大ボスとして重きをなしていた人だから、たしかにやろうと思えばそんなこともできたかもしれない。だから、ちょっと頭を下げて先生の面倒をみればいいポストが得られたのにばかな女だということになったわけだが、私自身は、そんなかたちでポストを得たいとは思わなかった。

もちろん、生きていくうえでの知恵として、気に染まないことでもやらなければならないときがある。しかし、そのとき私にとっていちばん大切なのはロンドン大学で仕事をすることで、日本へ帰って大学に職を得ることだとは思っていなかった。だから、そうなったことにまったく後悔はしなかったが、非常に驚いたことはたしかである。

あとになって、同じようなことが、ほかの女性にも起こっていると聞いた。ほかの大学、ほかの学部でも、女性の研究者が男の先生の面倒をみる、あるいは女子学生が面倒をみたり世話をしたりしてサービスを尽くすことがかなり慣習化しているということを聞いたのである。私はこのたぐいの話を聞くたびに、なんて嫌な世界なのだろう、と反発した。もし日本に帰って大学に就職できなくても、通訳だってできるし、観光ガイドもできるから、それでいいではないかと高をくっていた。だからその後も、お断りしたことを後悔しなかった。

このように当時は、女性がキャリアをつくるには、男と同じような能力を示し、同じように仕事をするだけでなく、プライベートの面でも、越えなければならないさまざまな障害があったのである。とくに学者になる場合には、化粧をしたりおしゃれをしたりしてはいけないと言われ、その一方で、料理や洗濯など先生の生活の面倒をみることまで期待されたというのは、いまから考えると信じられないことだが、当時はさほど珍しくもなかったのである。

これは学者の世界だけではなく、当時、キャリアをつくろうとした女性たちに共通した問題だった。それぞれの人が、いろいろな障害にぶつかり、それをどういうふうに裁くか選択をせまられた。嫌なことも引き受けて出世するか、それとも嫌われてもいいから断って自分の思うとおりにやるか、みずから決定しなければならなかったのである。

戦前の私の大叔母の時代から私の時代になっても、女性がキャリアを追うことは、女であることをあきらめること、女としての幸福の追求をあきらめることという前提が社会にあったような気がする。

現代女性のキャリア追求

それが一九九〇年代になって——すでに一九七〇年代からはじまっていたと思うが——、女性は結婚と仕事、あるいは子育てと仕事の両方をしてもかまわない、してもいいどころか、やりたければ大いにやってくださいと言われるようになった。

女としての幸福を追求しつつ――結婚が幸福だと思うなら結婚し、家庭に入り、子どもを生んで子育てをする――、男と同じように仕事をすることも相当程度に可能になってきたのである。

しかし、いまの若い人たちには信じられないことかもしれないが、一九五〇年代、六〇年代までの日本では、それを両立させること自体が無理だと考えられていて、みんなが応援するどころか、両立させようとする人のほうがおかしいと考えられていたのである。

だからキャリアを追求するためにやむなく離婚するというケースもままあったし、前にもふれたように、何らかの理由で結婚できない女性などがキャリアを追求するというのは、まあしかたがないだろうと考えられていた。しかし「まともな」女であれば、なにも仕事をしたりキャリアを追求したりする必要などないではないか、そんなことをするのは不幸なことだ、というふうに考えられていたと思う。

私自身は、キャリアを追求したときに女であることをあきらめたわけでなく、その当時としては無謀にも結婚と仕事を両立させたいと思い、実際に両方をやってみたのだがうまくいかなかった。しかし、キャリアをあきらめる気はなかったので離婚し、ちょうど研究の仕事で海外に行く機会があったために日本を出て、外国でキャリアを追求するというかたちになったのである。

今日では、キャリアと結婚、仕事と結婚、あるいは子育てと仕事、その両方をうまくやれる可能性が出てきた。さまざまな条件が整い、応援してもらえるようにもなった。それどころか、両方をやるのがあたりまえという考えさえ出てきている。このような時代になって、女性はどのように考えているのだろうか。

まず第一に、前にふれたように、両方をやる女性がかなり増えている。もともとキャリアを追求して仕事をしており、その間に機会に恵まれていい相手がいれば結婚もする、そして子どもも生む。しかし、それでも仕事をあきらめないというケースである。

こういう女性の場合には、いまもって超人的な努力が必要とされている面があると思う。たとえば民間会社に勤める女性たちは、男性と同じように残業をしなければならないし、地方に転勤になれば、夫が一緒に来てくれるというケースは少ないから、単身赴任になることもある。子どもがいれば、連れていくわけにいかないから、夫のもとに残すか自分の両親に面倒をみてもらうことになる。こんな場合、子どもとのつながりを保つために、しょっちゅう帰ってきて子どもと接触したり電話をかけたりしなければならない。こんなふうに超人的な努力をして仕事と子育てを両立させている女性もいる。いずれにせよ親や家族の手助けが必要になるわけだが、理解ある夫と理解ある親の手助けがなければ、このようにサーカスの綱渡りのような生活はできないと思う。

もうひとつ、これとはちがう生き方もある。キャリアは追求するが、子育てのあいだはキャリアのほうはちょっと手を抜こうという人である。まわりから強制されたりプレッシャーを受けたりした結果ではなく、自分で選択して、子育てを主にし、キャリアのほうは一時中断するという考え方である。

こうした生き方もかなり出てきている。

こうした流れをみていると、かつてのように両方を追求して自分がどれくらい有能な人間かを見せることに必死になるという生き方とは異なり、考え方そのものがかなり柔軟になってきたのではないかと思う。くり返すが、あくまでみずからの選択でやるのであって、周囲の強制やプレッシャーによるものではないという点が大事だと思う。

かつては、結婚する女性はキャリアをつづけたりしない、まして結婚して子どもができればキャリアをあきらめるのが当然だと考えられていて、自分ではやめたくないと思っても、まわりからのプレッシャーで否も応もなしにやめなければならないという女性が多かった。それがいまは、キャリアを一時中断するにしても、強制されるのではなく自分の意志でやめるのだから、その点だけでもちがってきていると思う。

子どもを育てるあいだは、あるいはとくに子どもが小さいあいだは子どもと一緒にいたいというのは、母親にすれば当然の感情である。母親になる前には自分にかぎってそんなことはないと考えていた人も、子どもをもてば、子どもを中心にしたいというふうに価値観が変わってくるのは当然のことである。この際に大事なことは、子どもが大きくなったらふたたび仕事に戻れるという保証、具体的な保証ではないにせよ、少なくともそうした可能性があることを自分が信じられることだろう。

イギリスやアメリカでは、日本よりもはるかに先をすすんでいて、子どもを生んで休暇をとったあとふたたび仕事に復帰することも可能だし、子育てをしながら仕事をすることもかなりできるようになっている。たとえば、産休とは別に、子どもが小さいときは十三週間の有給育児休暇がとれるとか、ジョブ・シェアリングといって、ひとつの仕事をほかの女性と二人でやることも可能になっている。

ジョブ・シェアリングというのは、妊娠したり子どものいる女性と、そうでない女性とが、平日の二日間はAさんがやって、残る三日間はBさんがやるというように、ひとつの仕事をふたりで分担するというものである。もちろん給料は半分になるわけだが、子どもが小さいあいだは、収入が半減しても仕事から離れないでいることを第一にするということが欧米ではかなりおこなわれるようになっている。おそらく日本でも今後そういうふうになっていくのではないか。

いまはキャリアを追求することが不幸なことだと思われることはないし、ましてや特殊な事情のある女性や離婚した女性がやるものだという考えもなくなり、ごくあたりまえのことになった。周囲もそれを認めるようになってきた。それを可能にするための支援策もどんどん出てきた。

女性の生き方に、二者択一ではない、複数の選択肢が出てきたのである。

2　専業主婦を選ぶ女性たち

専業主婦があこがれの的だったころ

いま専業主婦という言葉は、いい意味にも悪い意味にも使われているような感じがする。

専業主婦という言葉自体、一九七〇年代以降にできた言葉だと思う。それまで「主婦」という言葉もあったし、「母親」という言葉もあったが、「専業」とわざわざ頭につけたのは、仕事をもつ主婦と区別して、主婦だけをやっていればすむ女性を指す言葉として出てきたからではないか。

専業主婦という言葉は、一億総サラリーマン化とまでは言わないが、一九六〇年代以降、七〇年代に入って農家や商家が減り、男女を問わず多くの日本人がサラリーマンになり、とくに男性の六、七割、あるいはもっと多くの人たちがサラリーマンになり、ちょうど高度経済成長期をむかえて給料がどんどん上がっていく時期に生まれた言葉なのである。

農家や商家の場合には、妻は家にいても専業主婦ではない。主婦業をやりながら、お店を助けたり農作業を手伝ったりしながら家族をもりたてていたから、子どもの面倒だけをみればいい、毎日三度の食事をつくっていさえすればいいという意味での主婦ではなかった。

専業主婦がそれまでの主婦と明らかにちがうところは、次のような点ではなかろうか。

それまでの主婦という言葉には、農家や商家の主婦であろうと、サラリーマン家庭の主婦であろうと、家庭を運営していくマネージャー、あるいは一家の要《かなめ》という意味が込められていた。それにたいして専業主婦という言葉には、家庭あるいは家族を維持するマネージャーとしての意味合いが薄れ、女として自由に楽しめるという面が強調されるようになった感じがする。

いま、専業主婦はいけない、専業主婦は怠け者だ、仕事の能力がない人がやることだと、やや軽蔑的に用いる人がいるが、専業主婦という言葉が生まれてすぐのころは、あこがれの意味が込められていたように思う。中流家庭というものが、若い女の人たちのあこがれであり、理想だったのである。その中流家庭とは、父親は大企業のサラリーマン、母親は専業主婦、そして男の子は父親と同じように大学を卒業してサラリーマンになり、女の子は女子短大あるいは女子大を卒業して四、五年働き、いい相手を見つけて職場結婚し、専業主婦になるというものだった。これがいわば夢の中流家庭というか、理想的な中流家庭として多くの女性の頭の中に描かれていた。

なぜこのように多くの女性が中流家庭の専業主婦になりたいと夢を抱いたのか。そのいちばんの理由は、苦労をしたくないということだったと思う。

農家でも、あるいはお店をやっている家でも、主婦の仕事は、子どもや夫の面倒をみるだけではすまず、それ以外の仕事もこなさなくてはならないから、やり甲斐はあるものの、けっして楽ではなかった。とくに農家は大変だということが誰にもわかっていたから、農村で育った女性でさえ、農家の主婦になるのを敬遠した。サラリーマンの妻になればそうした苦労をしなくてもすむと思ったのである。

一九七〇年代以降、女性たちに芽生えてきたのは、苦労をするような結婚はしたくないという意識だったと思う。もちろん子育てはかまわないけれど、子育てと仕事の両方はやりたくないというのが一般的な考え方だった。その一方で、キャリアを追求したいという人も出てきていたが、まだ少数だった。

苦労をするような結婚はしたくないという考え方がすすめば、当然、子どもを何人も生みたくないということになる。経済的に苦労をするのは目に見えているからである。

さらにすすんで、経済的に楽をするためには、子どもは一人か二人で十分という考え方が多くの女性たちのあいだに広がった。しかも、若い女性だけでなく、その母親にあたる年とった人たちのあいだにも、こうした考え方が出てきたのである。だから、子育てはする、核家族のなかで夫や子どもの面倒もみるが、子どもを預けてまで働くなんてとんでもないというのが、この時代の専業主婦の一般的な考え方になった。

こうして、一九七〇年代、八〇年代の高度経済成長期の日本においては、専業主婦になることが若い女性のあこがれになった。

この時期、サラリーマンの給料がどんどん上がり、一方で、郊外にこぎれいな団地や一戸建てやマンションができ、主婦の仕事は機械化され、電化されて、洗濯や食事づくりなどすべてが、昔にくらべればずっと楽になった。しかも、子どもが一人か二人しかいないから、子育てにもさほど手がかからない。こうした状況のなかで、専業主婦はますます女性たちのあこがれの的になり、中流サラリーマン家庭の象徴になった。

専業主婦でいることへの疑問の発生

ところが一九九〇年代、とくにその後半に入って、状況が少し変わってくる。第一に、専業主婦というのは女性として劣っているのではないかという意識が、専業主婦のあいだに見られるようになったのである。さらに、専業主婦ではない勤めている女性たちの側からも、そうしたことが言われるようになった。専業主婦のなかに、キャリアウーマンが羨ましいという気持ちをもつ人が出てきたのである。

それはなぜか。専業主婦では一人前とは認められない、キャリアウーマンは自分のお金が入ってくるからすばらしい、自己実現ができている——じつはこれらは幻想にすぎないのだが、こうした考え方が専業主婦のあいだに出てきたからである。

そして、日本が豊かになったときに、「自己実現」という言葉が、女性にとっての絶対的なキーワードになったように思う。自己実現ができていないからだめなのだ、とにかく自己実現をしたいと誰もが言うようになり、この言葉に踊らされるようになった。しかしそこには、何を自己実現したいかということは抜け落ちている。

もうひとつ重要なことは、専業主婦が日本の女性のかなりの部分を占めるようになり、サラリーマンが豊かな生活ができるようになって専業主婦の妻をある程度豊かに養うことが可能になったときから、結婚というものが、家庭をつくるための結婚ではなく、夫と自分のための、あるいは自分自身のための結婚になったことである。

家族や家庭を維持するための、いわばビジネスとしての結婚ではなく、男と女のあいだの愛情を実らせるための結婚という結婚観が出てきたのである。これもまた幻想にすぎないのであるが、それはともかく、愛情あっての結婚という夢が、専業主婦をめざす女性たちのなかに大きく広がってきたのである。

それまでの日本の伝統では、愛情というものは結婚したあとに生まれてくるもの、家族になって互いに苦労したり助け合ったりして生まれてくるものと考えられていたのが、愛情があるから結婚する、だから愛情がなくなったら結婚は解消してもいい（実際に離婚するかどうかは別にして）という考え方がかなり一般的になってきた。

だから、たとえば妻が夫に家事を分担してほしいという場合、自分の仕事が大変で、家事をすべてこなすだけの時間がないから夫にしてほしいというのではなく、愛情の証《あかし》として分担してほしいという欲求が非常に強くなってきたのではないか。昔にくらべれば家事は明らかに楽になっているのに、自分ひとりではこなせない、いや、こなしたくない。だから夫に手伝ってほしいというのだ。家事というものが愛情の大きな決め手になったような気がする。

しかし、あこがれていた中流家庭の主婦となり、食べるものにも困らず、欲しいものが買え、ときには外へ遊びに行くこともできるし海外旅行もできるというように生活が充たされてしまうと、それ以外に夢がなくなってしまう。自己実現、自己実現というが、それはいったいどこにあるのか。いったい自己実現というのはどこでできるのか、という疑問が湧きあがってきたのである。

子育てで自己実現

この悩みを解決するために専業主婦はどうしたか。彼女たちは自己実現を、よい子を育てることに求めるようになったのではなかろうか。

自分のキャリアのためではなく、子どものため、子どもをよくするために生きるのだということが合言葉のように広がり、子どもに手をかけ、子どもに何でもしてやって、子どもをいい学校に行かせてというように、自分のために子どもを育てることが自己実現のかたちとして現れてきたのである。最近、子どもが思うようにいい子にならなかったり、どこまで子どもに手をかけたらいいかがわからなくなって育児ノイローゼになる母親が増えているが、その背景には自己実現ということが関係しているように思う。

ところが、結婚生活にとくに苦労をすることもなく、子どもを持っていいお母さんねと言われるような女性になるという、若いときのあこがれや夢がいったんかなえられてしまうと、自分はこれでいいのだろうか、豊かだと思ってきたが、本当に夫の愛情はあるのだろうかという疑問が、嵐の前の一点の雲のごとくふつふつと湧いてくる。

こうして、豊かな生活とはいっても、夫は仕事でなかなか家に帰ってこないし、家ではひとりぼっちか、子どもとふたりだけ、自分は何なんだろう、自分は誰のために生きているのだろうという疑問が出てきたときに、専業主婦ではないキャリアの女性、とくにフェミニストと言われる人たちが専業主婦への攻撃をはじめたのである——専業主婦というのは、夫に養われているのだから自立していない、暇で退屈な生活をしている、働かないで食べていける怠け者だ、甘やかされている、女として一人前ではない、と。

そのために専業主婦は、ますます自分を正当化しなければならなくなった。それには、専業主婦を肯定する男性からの正当化も加わった——女性にとって子育てはなによりも大切なものであり、子どもに母親が寄り添うことが家庭円満の秘訣であり、愛情のある家庭である、と。

そして、専業主婦自身はこう言うのである——保育園に子どもを預けるのは子どものためによくない、働きたくても子育てが終わるまでは働けないのだ。仕事をしたくないからではなく、子どものためによくないから、子どもを預けてまで働くことをしないのだ、と。あるいは、子どもが幼稚園や学校から帰宅したときに、にっこりと笑って迎えてやりたい、子どものために早期教育をしてやりたい、子どものために自分ができなかったことを何でもやらせたい、と。

それが高じて、おいしいフランス料理を食べに子どもを連れていってやりたい、小さいときから音楽会や展覧会にも連れていきたい、そうすれば才能が伸び、すばらしい子どもができる、というところに行きつく。その結果、いい学校に入ったり、ときには天才的な子どもが出てきたりして、みんなに感心されれば、それはまさに自己実現ではないか、というように自分を正当化することになったのだと思う。

専業主婦の不安

ここに専業主婦の矛盾が見えてくる。

専業主婦がもつ不安というのは、いくつかの点ではっきりしている。ひとつには、豊かな社会になり、経済的には満ち足りた家庭生活が、かえって専業主婦を不安にし、矛盾におとしいれたのだと思う。人間というものは、危機感があったり必死で苦労しているときにはそんな疑問は抱かないものだが、豊かな社会になって満ち足りてくると、これがなくなったらどうしよう、あるいは自分は本当に認められているのだろうかという危機感が襲ってくるのである。だから専業主婦は、平穏無事な恵まれた生活のなかで、家事や育児をどこまでやったらいいのかがわからなくなっていく。

ある意味で、専業主婦にとっては二十四時間すべてが自分の時間なわけだから、どこまでやったらいいのかけじめがつきにくいということがある。朝早くから夜遅くまでどんなに懸命にやっても、家事が完璧に仕上がったと判断できるのかどうか。子育てにしても、二十四時間やってもまだ不足かもしれない。食事づくりにしても、手をかけようと思えばいくらでもかけられる。よいと言われていることを全部やろうとすると、はてはノイローゼになってしまう。本来なら、家事はここまでやろう、ここまでやれば上出来というふうに自分で律していければいいのだが、それがなかなかできないのである。

働いている主婦であれば、そんなことを考えている時間も労力もないから、食事づくりを簡単にしたり、土・日はきちんとやるけれど、ふだんの日は極力簡単にすますというふうになる。しかし、専業主婦の場合にはそうはいかない。もし食事づくりを簡単にやったら、おまえは時間があるのに怠けていると非難されるのではないかと思い、手抜きができなくなる。こうして、恵まれた生活であるために、かえって不安が増長されることになる。

もうひとつの不安は、夫婦の結びつきが、昔の家族や夫婦のそれとちがうかたちになったことから生じるものである。

愛情が夫婦にとっていちばん大事なことだ、恋愛結婚が見合い結婚よりいいのだと言われるようになり、多くの人が職場などで知り合って恋愛結婚するようになると、つまり愛情があるから結婚するということになると、愛情がなくなったら一緒にいられないということになってしまう。だから、愛情があるかどうかをたえず確かめていないと不安になるわけである。

伝統的な家族や夫婦というものが一方では否定され、愛情がすべてという欧米的な夫婦ができたために、かえって専業主婦の不安は大きくなったのである。離婚されたらどうしよう、でも自分は経済的に自立していないから、夫の収入がなければ暮らしていけないということになる。

さらに、レジャーブーム、あるいは楽しいことはすべていいことだという考え方が世の中を覆っていることからくる不安もある。

こうした情報がどんどん入ってくれば、自分はなぜ夫のためにだけ尽くさなければならないのか、ほかの男と楽しむこと、あるいは不倫をあきらめなければならないのかという、非常に単純な考え方も出てくる。しかも、愛情を確かめようにも、夫は夜遅くまで働いていてあまり家にいない、家事も手伝ってくれないとなれば、この結婚を、この家庭をつづけていくために、どんなことでも我慢しなければならないのか、と主婦たちは悩むのである。

昔の主婦や母親のように、子どものために、家族のために、自分を犠牲にしても家族との生活をつづけていくというのはいまははやらなくなった。愛情がなくなったらもう一緒にいたくない、夫のものを洗濯するのも嫌だ、ということになる。辛抱とか忍耐というものとはまったく逆の方向に女性たちはあおりたてられているのである。

しかし、自立ができないとなれば、一緒にいたくないけれどもいなければならないという矛盾が生じ、家庭内離婚のようなことも現れてくる。そして、我慢に我慢を重ねたあげく、夫が退職して濡れ落葉になったとたんに熟年離婚をする人たちも少なくない。

その一方で、離婚に踏み切れない多くの専業主婦は、自分が専業主婦として夫や社会に評価されたいという方向へ欲望を向けていく。たとえば、自己実現あるいは自分が評価されるために、あるいは夫に認められるために、ボランタリー活動や学習活動に精を出す人が現れる。しかし、仕事として訓練を受けているわけではないから、気ままに好きなときにだけやる結果となり、なかなか自己実現にはつながらない。

そこで、いちばん簡単にできることといえば何か。それは、自分の子どもをみんながすばらしいと言う学校に入れることだ、となる。その結果、それが専業主婦の大きな仕事になり、自己実現の方法になってしまったのである。

子どもとの距離のとり方

こうした専業主婦の矛盾や不安に対して、当然のことながら、メディアや識者と言われる人たちは答えてやるべきだった。

私がそれに答えるとしたら、最初に言う言葉は、専業主婦であっても何も悪いことはないということである。つまり、夫に養われているという考えは、そもそもとても奇妙な考えだが、夫の収入で自分が暮らしていることに何も悪い点はないということである。これは開きなおりでもなんでもない。

もし子育てをするのだったら、当然、子育てをすること自体が大きな仕事でいいわけである。もちろん、子どもを自分の自己実現のために使ってはいけない。子育ては子どものためにするのでなければおかしいのであって、親が自分のためにやるものではないからである。

子どもが一人前の大人になれるように育てるのが目的であり、自分の自己実現のために、自分の評価をよくするために子どもを育てているのではないということさえはっきりさせておけば、夫の収入で子育てをしながら暮らしていることは、少しも悪いことではない。

つまり、勉強ができること、あるいはいい学校へ入ることが子どものすべてでいいのか、ということだ。自分の子どもをどんな大人にしたいのかを、母親が自分で考えて子育てをしなければいけないのである。自分の子どものことは母親がいちばんよく知っているはずである。そういう自信があっていいはずである。

この自信というのは、学校や社会がどうとか、隣に住む人とくらべてどうかというようなことでなく、たとえば自分の子どもが食欲がないとき、元気がないとき、病気になったとき、それをいちばん先に発見するのは母親であるという意味での自信である。

子どもが勉強をしたがらない、あるいは学校へ行っていないらしいということを真っ先に知るのも母親の役目のはずである。母親は、子どもにとって人生でいちばん最初に出会う医者であり先生なのである。二十四時間、子どもとべったりくっついているのではなく、いつも子どもの生活や生き方を見ていられるような距離にいるというのが、本来の母親の仕事だと思う。

いい母親になるためのマニュアルなどというものはあり得ない。子どもは一人ひとりちがっているわけだし、親子関係もそれぞれにちがっている。だから、世の中のこうすればこうなる式の公式なるものにとらわれず、あくまでもみずからいい母親になるために努力していかなければならないし、母親とはどういうものなのかを自分で考えていかなければならないのである。

母親というのは、こんなにも大事な仕事をしているのだから、夫の収入で暮らしているからといって卑下することはないのである。夫が何を期待しようと、である。

専業主婦で何も悪いことはないと言ったが、いまはパートタイムあるいはフルタイムで仕事に出てもかまわない時代になっている。そうしたい場合は、自分で準備をして、子どもに手がかからなくなったとき、あるいは余暇ができたときに、仕事ができるように心づもりをしておかなければならない。また、夫と相談しなければならないだろうし、仕事をしているあいだ家事を手伝ってもらう人を見つけることも必要になるかもしれない。子どもを預ける必要も出てくるかもしれない。

子どもを預けるというのは、けっして悪いことではないと思う。その際、子どもを預けるのは悪いことなのかいいことなのか、保育園はいいのか悪いのか、そもそも仕事をするのがいいことなのか悪いことなのかというように、黒白でものごとを考えないことが大切だと思う。保育園に子どもを預けるにしても、母親が手づくりの食事をつくるにしても、いい面と悪い面とがある。その判断は、専業主婦自身にゆだねられているのである。

たしかに、母親の手づくりの食事は、子どもにとって大切である。健康な食事を子どもに食べさせ、母親がつくっているかぎり子どもが毎日何を食べているかがわかる。子どもと一緒にご飯を食べることで、子どもとのかかわりが深くなり、食べ方に気をつけることもできる。箸の使い方やちょっとしたマナーを教えることもできる。

母親が食事をつくることには、このように教育的にすばらしい効果がある。もっと言えば、母親が子どもに食事をつくって食べさせるだけでなく、子どもと一緒につくることができればなおいい。食事をつくる楽しさを子どもに教えることができるし、みんなで食べる楽しさを味わうこともできる。これは家庭円満をもたらすコミュニケーションにもなる。

つまりここで言いたいことは、母親が家にいればそれで家庭が円満になるとか子どもが楽しいとかいうことでなく、母親が何をやるかによって家庭が円満になるか否か、子どものためになるか否かが決まるということである。

子どもが小さいときには母親が家にいたほうがいいとはいっても、帰ってきたときにただにっこり迎えてやるだけで、食事づくりも何もしないというのでは、必ずしもいいとはいえない。あるいは、母親が子どもに食事づくりをするのがいいとはいっても、母親がそれを絶対的なものと考えて、毎日食事づくりをしてやらなければいけない、あるいは食事づくりさえしていればあとのことはどうでもいいと考えるようではちょっと困る。食べない子どもをガミガミ叱ったり、自分がいるからこんなにおいしいものができるのだと自慢するようでは、母親がなまじっか食事をつくってくれないほうがいいという子どもが出てくるかもしれない。

つまり問題なのは、食事づくりの善し悪しや、手をかけた食事をつくることができるか否かということでなく、子どもの成長の助けになるような食事づくりができるか否かなのである。子どもの成長に役立つように、食事というものを通じて自然に教育ができるということを考えなければいけないのに、しばしばそういうことを抜きにして、食事さえつくっていればいいと考えたり、食事をつくらないからあそこの子は悪くなったという誤った理解のしかたがあまりにも多いような気がする。

保育園にしても同じである。保育園に子どもを預けることは絶対によくないと主張する人もいるし、反対に、社会性が身につくから絶対にいいと言う人もいる。しかし、母親に常識があれば、絶対というような白か黒かで決められるものでないことはわかるはずである。

もちろん、育児ノイローゼになったり、ストレスがたまってあまりにも辛い場合には、子どもを預けて息抜きをすることも大切である。パートの仕事で出かけるときに、信頼のおける保育園や預かってくれる人がいれば、それはとてもいいことである。あるいは、お稽古事や旅行で出かけるときなどに子どもを預けるというのはけっして悪いことではないと思う。それならば、母親がフルタイムで仕事をしていて、保育園が夜の十時まで子どもを預かってくれるから、毎日、保育園に預けてしまえばいいかというと、必ずしもそうとはいえない。

つまり、保育園というものの限界、保育園と自分との役割のちがいを考えて、保育園にはここまではしてもらう、しかしここからは自分がするというように考える母親でなければならないのである。

子どもを抱いてやったり子どもの面倒をみることは、子どもにとってとてもいいことである。物理的に子どもと接触するだけではなく、精神的にも子どもに安心感を与えたり、母親を信頼するようになるからである。しかし、密着しすぎて子どもにうるさくつきまとったり、子どもをひとりにしておかなかったり、子どもをほかの集団から引き離すような母親がいるとしたら、子どもにとってけっしてプラスにならない。

近ごろ、いいか悪いかで短絡的にものごとを考える人が多いが、子どものことについても、家だろうが保育園だろうが、無事に成長しているかどうかを、健康でたくましい子どもに成長しているかどうかを考えなければいけないのに、それを抜きにした議論があまりにも多すぎる。

親が子どもを甘やかすことが非常に問題になっているが、大事にして可愛がって面倒をみることと、甘やかすこととは別なことだということを知ってほしい。子どもを育てるときには、母親が冷静になって子どもを見る、子どもを観察することが欠かせない。だから、子どもに勉強をさせていい学校を受験させるだけでなく、子どもに家事を手伝わせたり、子どもが外に出てスポーツをしたり、ほかの子どもと遊んだり、集団生活をさせるように親が子どもを励ますことはとても大切なことだと思う。

このように、子どもと距離をとることがとても大切な時期がある。子どもが少しずつ母親以外の人と接触し、つきあい、そのなかで集団行動がとれるようになるという時期である。本当に子どもを一人前の大人にしようと思ったら、当然のことだが、母親が子どもをそのように導いていかなければいけないわけで、いつも母親がいてくれなければだめだとか、母親だけが世の中で自分の大切な人だと思うような子どもにしてしまったら、母親にとってはうれしいかもしれないが、一人前の大人になれないということでいえば、子育てに失敗したと言えるだろう。

妻と夫の心がまえ

前にも述べたように、専業主婦が夫の収入で生活することはけっして恥ずかしいことではないが、家事をしているから夫の収入に頼っていいということではない。専業主婦は家政婦ではないからである。

今年（二〇〇〇年）の経済企画庁の調査では、主婦の家事労働をお金に換算すると年間三百三万円になるというが、これはばかばかしい計算である。専業主婦というのはそういう立場ではないから、そもそも家事労働の代償を規定するほうがおかしいのである。三百三万円分だけ働いているということではないし、夫に依存しているから自分は何の価値もない人間だということでもない。夫と妻とが話し合いのうえで、あるいはふたりの理解のうえで、どちらかが働いているのだから。

その場合、夫だけが働く、あるいは妻だけが働くと決めてもいいし、ふたりとも働くというように決めてもいいわけで、それはあくまでふたりだけの問題であり、ふたりは対等なかたちで結婚し、同じように生活や家族を支えているのである。そのなかで、一方が外で働く仕事をとり、一方が家の中で働く仕事をとるということであり、妻のほうが働いて、夫が家事をしてもかまわないわけである。この場合にも、夫の家事労働の代償を三百三万円と決めるのはおかしい。

これまではずっと右肩上がりの経済がつづいてきて、専業主婦の妻とサラリーマンの夫のカップルで、妻は何もしないでのほほんと暮らし、夫が稼いだお金でぜいたくをし、ブランド品を買うということを羨ましがるむきや、反対に、そういうのは女の恥だというフェミニズムの論調などもあったわけだが、これからの時代、こうしたことがつづくとは思えない。だから、仮に夫が失職したとき、結婚をつづけていこう、子どもをふくめた家族の生活を維持していこうと思ったら、否も応もなしに妻も働かなければならないということが起こり得る。

また、結婚当初は妻が働いて夫をサポートするということもあるだろう。たとえば、夫がまだ若く、弁護士や公認会計士の試験をめざしているような場合、夫が資格をとるまで妻が働いて夫をサポートし、夫が試験に受かったら今度は妻が夫に支えられて子どもを生む。このように、ふたりのあいだの理解や了解によって夫婦のあり方は決まるわけで、夫だけが働く、妻だけが働く、あるいは妻がいつも家庭にいなければならないというような社会的な取り決めに従わない人間にはプレッシャーがかかるということは今後なくなっていくと思う。

さらに、先にもふれたように、愛情を中心にした結婚が一般的になった現在、もし愛情がなくなったら一緒に暮らしたくない、愛情がなくなった場合にはできることなら離婚したいという人がいま女性のあいだに増えているが、本当にそうだとしたら、いままでの夫婦の生活、あるいは家族の生活について考え方を変える必要があると思う。

これまでは、結婚するまでは互いに愛情を確かめあったり表現したりしていても、結婚したら、そういうことをしなくてもすんだ。結婚とはいわば永遠の契約で、別れるとか家族が崩壊するなどということは考えられないということで、夫婦の愛情をいちいち表現したり確かめたりしなくてもやってこられたのである。夫は外とのつながりだけを考えていればよかったし、妻は家族や子どもとのつながりだけを考えればよかった。

このように、これまでは夫婦の関係をあまり問題にする必要はなかったのだが、これからは、夫婦のあいだで、結婚したあともなお愛情を育てていくことが必要になってくるだろう。つまり、愛情があるから結婚したというのは当然のことで、その後の長い期間、一緒にいるあいだも、愛情というものは放っておいたら死んでしまうことがしばしばあるから、互いに愛情を育てていかなければいけないということを、妻も夫も認識しなければいけない時代になったのである。

このような認識に立つと、子どもがあろうがなかろうが、離婚したいと思うほどに相手に対して愛情がなくなったとしたら、別れても生きていけるように妻も夫も準備するべきだと思う。妻の場合には、その準備はふつう、経済的な自立の問題になる。別れたいけれどお金がないから別れられないという事態を避けるためである。夫のほうは経済的には妻がいなくなってもなんとかなると思っているが、日常生活はどうなるのかという問題がある。しかし忘れられがちなのが、精神的な側面だと思う。

妻は、経済的にはなんとかなるとしても、ひとりで暮らしていけるだけの強さがあるのかどうか。また夫は、次の女性がいるから別れる別れないということではなく、妻と別れても自分で自分の面倒をみていけるか、自立できるかということが問題になろう。

こうした精神的な準備が、愛情を中心にした結婚の場合にはもっとも大事なことになると思う。それだけの準備を両方がしておかなければ、愛情を中心にした結婚というのは非常に苦しいものであり、危険なことだと思う。

子育てになぜ自信がもてないのか

専業主婦が子どものために仕事をあきらめて家にいてやりたい、子どもが帰宅したときに母親が迎えてやりたいということを口実にして、あるいはそう信じて子育てをしているにもかかわらず、実際には、働いている母親よりも専業主婦のほうが子育てに自信がないのはなぜなのかを考えてみたい。

その原因のひとつは、子育てというものをマニュアル式に考え、ほかの人と比較したり、情報ではこう言っている、あれもしなければいけない、これもしなければいけない、もっとこうしたいと、外から見た子育てだけを考えていることにあると思う。

もうひとつの原因は、子どもがふつうに自然に成長していったのでは満足しないで、もっとよくなるはずだ、もっとよその子のようによくなってほしい、もっとこういうふうになるべきだというように、自分の夢を子どもに押しつけることにあると思う。

子どもを自己実現の道具にしているために、ふつうに育っているのでは満足できず、もっともっと押しつけ、子どもにプレッシャーをかける。それが自分自身にはねかえり、子どもをよくするために自分ももっと頑張らなければいけないという強迫観念にかられ、自分にプレッシャーをかけていく。そのはてに育児ノイローゼになるのだと思う。

いい子というのは、けっしてマニュアルで決められるものではない。いい子というのはいったいどういう子どもなのかを、母親も父親も考えてみる必要がある。勉強のできる子がいい子なのか、おとなしい子がいい子なのか、親の言うとおりにする子がいい子なのか、極端な例では、サイレントベイビーなどという、手のかからない黙っている赤ん坊がいいという親もいるが、本当にそうなのか考えてみなければならない。

親にとって扱いやすい子ども、親の夢をかなえてくれる子どもだけがいい子ではないのだという考え方に立たないと、子育てはいつまでたっても親の自己実現の道具でしかあり得ない。自己実現というのはある意味で見果てぬ夢でもあるから、まだ足りない、あれも不足だこれも不足だということになってしまいがちである。

では、いい子とは何かを決めるにはどうしたらいいか。それは、自分の子どもをしっかり見つめ、よく観察し、子どもの成長ぶりを自分で確かめることによって、はじめていい子というのがわかってくる。結局、子どもがすくすくとたくましく成長していればそれがいい子なのであって、親にとって「いい子」というのとはちょっとちがうと思う。

専業主婦でなければできないことがある

専業主婦が専業としていちばん役に立つことは、いまの日本の社会のなかで不足しているものを母親こそが補ってやれるということを認識したときである。そのとき、その専業主婦はいい母親になれるのだと思う。

いまの日本の社会に不足しているものは何か。まず、ごくあたりまえの食べ物である。コンビニ、スーパーマーケット、デパートにおいしそうに並んでいるものは、いい材料を使って親が一生懸命つくるものにくらべれば、たいていおいしくない。もうひとつ、子どもが動きやすく、活動しやすい服もそうである。さらに、子どもが外で遊ぶための砂場や公園や森も不足している。

そうだとすると、それを補うために母親がやらなければならないことは、勉強をさせていい点数をとらせることではなく、大人になっても頑張っていけるような体力や強い意志、我慢強さを身につけてやることだろう。

そのために母親がしてやれることは、子どもを励ましてやること、みてくれのいい食事をつくるよりも健康な食事をとらせること、それから、たとえばいつも部屋にとじこもってコンピュータゲームなどをしている子どもを外に連れだし、ほかの子どもと集団で遊ばせてやること、そして年寄りをふくめたちがった年齢層の人とつきあうようにさせることだろう。

昔は大家族のなかで子どもが自然に経験できたことが、いまは体験できなくなっているわけだから、母親が積極的に、子どもがそうした経験をできるように導いてやることが大切である。これが母親の仕事であり、これをするには専業主婦の母親にかぎるのである。

自分で身のまわりの始末ができる、自分の面倒をみることができる、親の手伝いができるという習慣を子どもにつけさせるには、キャリアとして母親が忙しく働いている場合はなかなか難しい。限られた時間で子どもとつきあうわけだから、そのときに必要とされていることをやるのに精いっぱいで、子どもに手伝いをさせ、それを忍耐強く見てやるなどということは期待できなくなっている。

しかし専業主婦の母親であれば、子どもの成長ぶりを観察し、不足しているところを補ってやることができる。そういうことを教えたりしつけたりするためには母親に時間と忍耐力が要求されるわけだが、それができるのが専業主婦なのである。

働いている母親が、たとえば自分が単身赴任していて、電話で子どもに宿題を教えたり、高価なものを買い与えて自分の愛情の足りない分を補おうとするよりも、じつはもっと難しい、しかし将来子どものためになるようなことを、専業主婦であれば、子どもが成長していく過程を見ながら補ってやれるのである。これが専業主婦の特権であり、誇りでもある。

専業主婦がいい母親であることができるようになれば、それが自信にもなるし、夫にとっても大変うれしいことだし、自分の妻であり子どもの母親でもある女性を大切に思うようになるだろう。そうなれば、愛情を中心にした結婚というのも長つづきするのではないか。

あせったり、自信がなかったり、ノイローゼになったり、やたらに人と比較したりする専業主婦が少なくないのは、母親として十分にいい子育てをしていないからではなかろうか。多くの専業主婦が子育てを人の判断で決めたり、情報に頼ってやっていて、母親としての本能や自分の信じるところにしたがって生活していないために、母親として十分なことができないでいるのである。そのために、卑屈になったり、よそからの攻撃にたいしてヒステリカルに対応するようになってしまうのではなかろうか。

3　親にもたれかかるミスたち

できあいの夢に生きているだけ

ここで言う親に依存する女性たちというのは、昔あったような、独身女性が自分の母親と一緒に住んで面倒をみる、母親も自分の娘を助けながら一緒に生活しているというケースではない。キャリアをつくろうと思ったり、生活の必要上仕事をしている女性ではなく、いい生活をするために仕事をし、しかし実際には親に面倒をみてもらい、自分の給料だけでは得られない豊かな生活をし、海外旅行もできる、留学もできる、ブランド品も買えるという生活をしている若い女性たちのことを、ここではとりあげたい。

こういう女性は、そもそもキャリアというものを念頭において仕事をしているわけではなく、明らかに結婚志望である。親も娘を結婚させたいと思っている。しかも専業主婦になってほしい、と。だから、こういう女性は、経済力のある男と結婚し、専業主婦になりたいと考えている。親もまた、娘の相手には経済力のある男がふさわしいと考えている。結婚したら豊かな家庭をつくり、共働きなどという苦労をさせたくないと考えている人が多いのである。

三十代の女性の未婚率、結婚していない率が増加し、それが少子化のひとつの原因になっていると言われている。夫婦がもうける子どもの数が減っただけでなく、女性たち、あるいは男性たちもふくめて結婚しない人が増えた結果、子どもが生まれる数が減っているのである。

二十代の後半から三十代の、ふつうなら結婚するはずの女性の未婚率が増えているのは、苦労をするような結婚はしたくないと若い女性が考えているからだ。それは、娘には苦労をさせたくない、苦労をするような結婚はさせたくないという親の考え方とも重なっている。夫に豊かな収入があって、いま親元で享受しているようなのんきで苦労のない生活ができるのなら結婚したい。けれども、収入の低い夫と生活をともにするために、パートで仕事をしたり、やりくりしながら子どもを生んで苦労をするなどということはしたくないという考え方が広まっている。それは親についても言える。

結婚しても、海外旅行にも行ける、スキーにも行ける、そうした生活がしたい。なおかつ、夫には家事にも協力してほしいというように、自分は育児をするだけで、あとはレジャー、ボランティア、趣味に生きる生活を送りたいという若い女性が多くなっている。自分の楽しみがもてて、楽で、子どもの数は少なくしてという夢をもつ専業主婦志望の若い女性が、親元にいるのと同じような生活ができるだけの収入を保証されないがために、結婚しなくなっているのである。

しかしこれらはすべて、できあいの夢でしかない。こういう生活をするのがいいことだ、こういう生活をするとこんなふうにきれいになる、こんなふうにすばらしくなる、だからそうするのがいいことなのだと、雑誌やテレビなどのマスメディアによってあおられた夢であって、自分が本当にやりたいこととはまったく別の種類の夢なのである。家は郊外の閑静なマンションか都心のおしゃれなマンション、車は外国車、着るものやハンドバッグはブランド物、子どもは一人か、せいぜい二人、夫は有名企業に勤務、レジャーはどこそこへ——ほとんどがお仕着せで決めた、できあいの夢にすぎないのである。

こういう女性たちをひとことで表せば、大学を出て一般職で会社に勤め、仮に三、四年、あるいは十年働いていても、自分の狭い世界にとじこもり、それ以外には社会経験もなく、親が助けてくれるから自立しているとは言いがたく、親によりかかったあとには夫によりかかろうとする、ということになろうか。

専業主婦が夫によりかかっているという場合には、夫と対等に子育てをするとか、家庭を維持していくという能動的な部分があるわけだが、親によりかかっている女性の場合には、物質的に豊かな生活をしたいがために、楽をし、日常の家事は料理から洗濯まで親にしてもらうという、まったくの依存なのである。

こういう若い女性に結婚しない理由を訊いてみると、結婚したくないのではなく、結婚はしたいけれど自分の理想とする、括弧つきの「理想的な人」がいないからだと言う。つまり、理想的な夫、理想的な職や仕事、理想的な家庭、理想的な家というできあいの夢があり、それにもとづいて夫ならこういう条件、仕事ならこういう条件でなければだめ、それらが満たされないかぎり結婚をしないということなのである。自分で新しいところへ踏みだし、何かを開拓しようという考えはさらさらないし、たぶんその力もないと思う。

母と娘の共依存

このような女性は、親元にいて、何もしないわけではない。たいていは外で仕事をしている。しかし、仕事に一生をかけようと思っているわけではない。適当に相手が見つかるまでやっていようということだから、仕事から得る収入はお小遣いに使えばいい。自分の仕事に見合っただけの給料が欲しいとか、給料に見合っただけの仕事をしようなどとは考えない。

そして、もっと自分に合った職があるはずだといつも考えている。ゆくゆくはもっとちがう仕事をしたい、いまの職よりもっといい職につきたい、あるいはいい人が見つかればいちばんいいが見つからなかったときのためにということで、さまざまな資格に挑戦し、それを親が援助する。ソムリエの資格、着物デザイナーの資格、英語教室の先生の資格など次から次へ資格を取得するが、現実には、ほとんどのものは役に立たないのである。

こうした女性たちは、親元とお小遣いを稼ぐための職場という、非常に狭い世界で暮らして、そのなかでは人と争ったり競争したりしているが、本当に自分の能力を試されるような経験をしていない。

いや、そういう経験を避けている。

これらの女性たちが生きている世界は、非常に非生産的であり、まったく消費的な世界なのである。会社で働いているとはいっても、実際には働かないのとさして変わりがない。母親は自分の面倒をみてくれる家政婦であり、なおかつ友だちであるというふうに考えている。また、ほとんど人とふれあうこともないし、あるとすれば、表面的な情報の交換や、一緒にご飯を食べたりすることであって、真剣に人とつきあうということがない。いつでも自分が中心であり、外へ出て自分が人からチャレンジされることを怖がっている。

これらの女性は親に依存するのを恥ずかしいとはちっとも思っていない。むしろ、それが親のためだと思っている人もいるようだ。親は親で、娘が親に依存しているようでは彼女自身があとで困るとか、いつまでたっても大人になれない娘にしたのは自分の育児の失敗のせいだとは思わないで、とてもいい子だと思っていたりするのである。

いま五十代から六十代の親は、高度経済成長期に子育ての時代を過ごしているから、母親自身も専業主婦の場合が多く、その間いい生活をしてきて、いまもって夫の収入もあるし、生活も豊かである。とすれば、あとは孤独になるのが怖いだけである。だから、結婚をしない娘が自分といつもべったりくっついていて、括弧つきの「友だち」として、その日一日やったことのおしゃべりをしたり、次の買い物のおしゃべりをしたり、一緒に海外旅行をしたりすることを非常に楽しいことだと考えていて、それが娘のためにならないとは思わないのである。

では、そうした母親と娘が一生幸福かというと、娘のほうは、あとで必ず母親を恨むようになる。自分が自立できなかったのは母親のせいではないか、と。

いまさかんに「母親から受けた傷」とか「トラウマ」などということが言われるが、それは母親とべったりいたことでつくられたものなのである。あとになって恨みごとを言うのは、じつは口実であって、早く自立して母親から独立してしまえば、そんなことを言っている暇もなければ時間もないはずである。

つまり、母親と一緒にいて楽をしていたことを糊塗するために、本当は母親と一緒にいたくはなかったけれど、母親のためにいてやったのだ、そのために自分はかえって被害を受けたのだというふうに自己弁明をする女性が多いのである。

こうした依存症の女性たちの典型的な生き方は、責任をもたない生活をずっとしてきたということであるが、それでいながら自分では、自分で選んだのではなく、親のためにそうさせられていたのだというふうに考えるところが問題なのである。

ときどき質問を受けるが、欧米の国、とくにイギリスでは結婚しない人が増えているというのは事実である。しかし、イギリスで結婚しない人が増えているのは、いまあげたような、親に依存する若い娘が増えているからではない。

まず、結婚しない女性を親がいつまでも養い、豊かな生活をさせたり、収入はお小遣いとしてブランド品でも買えばいいというような家庭はほとんどないと言っていい。イギリスの場合には、娘が結婚しようがしまいが、大学に入る十八歳、あるいは仕事につく年齢になれば、親は、男子女子にかかわらず子どもを家から追い出してしまうし、子どもも、親と一緒にいるのは恥ずかしいことだと考えて独立する。実際、独立しなければ、恋をしたり結婚をしたり、好きな相手と一緒に暮らしたりできないわけだから、自分が親に束縛されたくないと思ったら自立する以外にないのである。

では、イギリスで結婚しない人が増えている、若い人たちのあいだに結婚を望まない人が増えているのはなぜか。それは、たんに籍を入れる人が減っているということなのだ。つまり、結婚という法的な制度を否定して、籍を入れない人たちが増えているのである。

しかしその場合、ひとりで暮らしているのでもなく、親元で暮らしているわけでもない。女性の場合なら、ボーイフレンドあるいは恋人と一緒に暮らしていたり、子どもを持っている人も少なくない。日本でいう事実婚に相当する。ただし法的に結婚をしていないから、シングル・マザーという範疇に入る。彼女たちは、恋をしたり、男と一緒に暮らしたり、子どもを持ったり、別れたりと、自分の生活をフルにやっているわけだから、親に依存して暮らしている日本の若い女性とはまったくちがうのである。

話を日本にもどすと、親に依存している娘たち、あるいは息子たちの場合もそうだが、彼女、彼らは、夫に依存していると言われる専業主婦よりもはるかに自立心がないように見える。ところが世間では、専業主婦に対しては怠け者であるとか、夫に依存しているとか、恥ずかしくないのかといった批判や非難の声をあげるにもかかわらず、親と一緒に暮らして親に依存している女性が批判の対象になっているのを見たことがなかった。最近になってようやく、パラサイト・ウーマンなどと称して、マスメディアもこの問題をとりあげるようになったが。

先にふれたように、親に依存している娘たちは、働いているとはいっても、自立していないという意味で、実際には働いていないのとほとんどかわらない。しかも、経済的に親に依存しているだけでなく、精神的にも、生活の面でも、親に依存している。結婚する、夫を選ぶ、今後どういうふうに生きていくかということもすべて親任せにしている。

だから、辛いことがあったり、何か嫌なことがあったりしたときに、親に話すことでそれを解決しようとする。親とそれだけ密接な関係をもっているのは大変いいことのように思えるが、実際には、自分で解決しようと努力せずに、親がなんとかしてくれるだろうという、いいかげんな解決になってしまいがちなのである。

自立していない女性が非常に増えているということは、母親のほうも自立していないことになる。子離れという言葉があるが、子離れだけでなく、そもそも母親自身が自立していないのである。これはお金の問題だけではない。専業主婦だから経済的な意味で自立していないのは当然だが、それなら、精神的に自立しているかというと、そうではないのである。

子どもにもたれかかることで、親はそれを生きがいにして暮らし、そんな親に子どものほうももたれかかっているという「共依存」の図式が見えてくる。

親への依存を脱するには

最近、日本からイギリスへ来る留学生の非常に多くが、親と毎日Eメールを交換している。イギリスに英語を勉強しにきて、英語だけを使って暮らそうとしている娘や息子のところに、親が毎日、日本語でメールを送って、そこで日本の話をしたりしているのである。

外国へ行って仕事をしたり勉強をするときには、ある期間、日本のこと、自分の郷里のことを忘れてやるぐらいの覚悟がなければ語学が上達しないのはあたりまえである。ところが、メールを断ると母親がかわいそうだからと、子どものほうも毎日、返信を送っている。

子どもが地方から東京へ勉強に行っても、ロンドンへ勉強に行っても、世界じゅうどこへ行っても、毎日、一緒の家に暮らしておしゃべりしていたのと同じことをやっていないと寂しくていられないという母親が非常に多くなっている。

それにたいして、親に依存する女性たちは、先にもふれたように、いつまでたっても自立できないのはもちろんのこと、ときとして、あんな親さえいなければ、自分はもっと豊かな人生が送れたのに、もっと充実した人生が送れたのにと、親を恨むようになる。だとしたら、早くにこれを改善していく道を考えるべきだろう。

そのためにまずやるべきことは、親が子どもを放り出してしまうこと、そして自立させることである。

第二に、親と一緒にいようがいまいが、キャリアの追求に切り替えることである。いままで結婚する相手がなくて、これからも現れるかどうかわからないが、もし相手が現れたら、そのときはそのときのことで、とにかくこの先ずっと仕事をしていこうということでキャリアをつくることである。

第三に、結婚相手を見つけることである。これは、専業主婦志望だろうと、仕事をつづけながらの結婚を希望するにせよ、物質的な要求、つまり収入や家や車などを基準に夫を選ぶのでなく、本当に愛情を抱ける人、好きな人、愛情のある結婚ができる相手を探すことである。

好きな人のためなら、あるいは愛情のある結婚のためなら、家は狭くてもかまわない、ブランド品が買えなくてもいい、スキーに行けなくてもかまわないという、どちらかというと、昔ふうの結婚というのが大切なのである。あるいは、結婚の原点に返ると言ってもいいだろう。そうすれば、結婚するだけの収入がない、有名企業の社員でない、背が高くない、だから結婚してくれる女性が見つからないと嘆いている男性の問題も解決するだろう。

第四に、親に依存した括弧つきの「豊かな生活」というのが、じつは精神的にも心のあり方としても貧しい生活であることを認識することが大切になる。親に依存するのがなぜいけないかというと、寂しさをごまかしたり、自分の本当の欲求、人間としての欲求をうやむやにしてしまうからである。

自立してみれば、女性はそれなりに誰か男性を好きになるだろうし、男女の性的な結びつきも生まれるだろう。さらに、人間としての豊かな生活が外にあるということが理解できるようになるだろう。また、精神的な意味での人とのつながり、あるいは肉体的なつながりが、人間としていかに大事なことかがわかるようになるのではないか。

第五に、キャリアの追求と同じことだが、仮にいまの仕事が一生の仕事かどうかはわからないにしても、小遣い稼ぎの仕事としてでなく、真剣にやることである。場合によっては、もし収入がなくてもすむのなら、社会に役立つ仕事に切り替えてみるのもいい。

第六に、親に依存している状況を、いい相手が見つかるまでの一時的なものと考えないことも大切だと思う。もし親に依存してそのままずっといくのなら、最後には親の面倒をみるという覚悟が必要になる。親の老齢年金がなくなっても、自分が稼いで食べさせてやることができるのか、自分の一生をどうしたらいいのかを考えてみることである。

最後にいちばん大事なことは、親と一緒にいる生活から離れて、自分の一生で何をやりたいのかを考えてみることである。つまり、親が保障してくれる豊かな生活以外の夢を見つけることが大事だということである。親に依存して暮らしている若い女性は、親がいなくなって自分ひとりになったときに、何をして暮らしていけるかを考えておかないと、あとになってとても辛い思いをするにちがいない。

仮にその女性が親の代わりに夫を見つけたとしよう。ふつうの夫婦であれば、互いに助け合うことが結婚の大切な要素であるにもかかわらず、親に依存する生活をしてきた女性の場合にはなかなかそうはならない。いつも夫に依存することだけを考え、専業主婦であろうとなかろうと、夫は自分の豊かな生活を保障してくれる人だという観点からだけ考える。このような場合、もし夫が豊かな生活を保障してくれなかったら離婚したほうがいい、別れたほうがいいということになりかねない。

こうして親に依存することだけではすまされず、状況が変われば他の対象に依存していくことにつながり、いつまでたっても自立できないことになる。

4　多様化は実りある生き方をもたらしたか

選択能力の欠如

先日、ある地方の新幹線の駅で電車が来るのを待っていたとき、ちょっとおもしろい光景を見た。若い男の人が弁当を買いにいって、どれを買ったらいいかわからなくて困っていたのである。

キオスクに行くと、同じような値段の、外見はちがっても中身はさしてちがわない弁当がずらりと並んでいる。折に入った弁当もあれば、釜飯もあれば、サンドイッチもあるし、おにぎりもあるし、寿司もある。そのなかから何かひとつを選ぼうとするとなかなか選べない人がいるが、この若者はその最たるもので、右から順々に弁当を眺めていって、十種類ほどの弁当をいちいち手にとり、表裏を眺め、中に何が入っているか確認し、能書きを読んだりして、また最初のところへもどるのである。そして、もう一度眺めなおす。サンドイッチを眺め、おにぎりを眺めと、次から次へと手にとり、また最初のところに戻るということを、かれこれ十分以上もくり返しただろうか。そしてついに、ひとつの弁当を選んだ。

この若者は弁当を自分のベンチに持ってきて食べはじめたのだが、それからがまた大変だった。自分の弁当に熱中して食べるのかと思っていたら、自分が買わなかった棚の上にある弁当のほうを眺めているのである。たぶん、あっちのほうにすればよかったかなと思っていたのだろう。食べることにちっとも集中できず、あっちを見たりこっちを見たり、きょろきょろしっぱなしだった。

これを見ながら、いま女性が直面している多様化された生き方なるものとちょっと似ているのではないか、と思った。

女性の生き方として、職業にせよ、結婚生活にせよ、いろいろな形がメディアで紹介されている。あれもあるし、これもある。あれもできる、これもできるということになっている。誰も、してはいけないとは言わない。一見いろいろなことができそうだが、でも本当はどれをやりたいのか、どれが欲しいのか、それが自分ではわからないという女性が多いのである。

それを見るにつけ、自分が何をしたいのか、自分がどれを選びたいのか決めるには、子どものときから自分で決定するという訓練が必要だと痛感する。これは、女性だけでなく男性にも言えることだが、ものを選ぶ場合でも、自分のしたいことを選ぶ場合でも、小さいときからかなり訓練が必要なのである。

たとえば、食べ物が三つあるなかから、どれが本当に食べたいか、三つ全部食べられない場合、ひとつだけ選ぶとしたらどれが欲しいのかということは、幼いころにはよくあることである。その場合、どれも食べてみたいと思うわけだが、実際には、お腹のぐあいや、数に制限があって全部食べるわけにはいかない。そんなとき、母親がひとつだけ選びなさいと言う。ひとつだけ選ぶと、自分が選んだものよりほかのもののほうがよかったのではないかと思って、せっかく自分が選んだものがおいしくなくなってしまうということは、子どものときによく経験することである。

こういうことをくり返していくなかで、日常の経験が積み重なってくると、自分はこれよりもあっちのほうが好きだ、三つあるなかから自分がいちばん欲しいのはこれだ、あるいはきのうはこっちのほうがよかったけれど、今日はこっちが食べたい、こっちがいいということが決まってくる。

また、バレーボールとバスケットボールと野球を全部やりたいと思うようなときにも、一度にすべてできるわけではないから、どれかを選ばなければならない。今日、自分がやりたいのはどれか、あるいは自分の体力に合ったものはどれか、自分の得意なのはどれかということが、訓練を重ねればだんだんわかるようになってくる。つまり訓練と経験を積むことで、自分の欲しいもの、自分のやりたいことを選べるようになってくるわけである。

ところが、母親が子どもにいつも、これがいちばんおいしいと言って選んでくれたり、これがいちばん健康にいいと言って選んでくれたり、学校を選ぶ場合であれば、この学校がいちばん将来安定している、あの学校へ行けば何を勉強しようともいいところに就職できるとふうに、親からの押しつけ、悪い意味ではなくて、善意の押しつけをずっと受けいれて「いい子」で過ごしてきた人たちは、自分で決定ができなくなっている。だから、自分で決定すると不安でしかたがなくなるのである。

自分で決定したものが間違っていたのではないか、誰かが決定してくれたほうがずっとよかったのではないかと、まわりをキョロキョロ見まわし、ほかの人のやり方を見て過ごすようになる。まさに駅弁を選ぶ若者の姿である。

自分が何をしたいのかを選ぶときに大切なことは、自分が何が好きなのかを知っていることである。自分が何が好きなのかを知るためには、食べ物であれば、いろいろ食べてみて、そこでいちばん好きなものを決める以外にない。着るものでもスポーツでも娯楽でも、自分に何がいちばん合っているのか、どんなものが好きなのかは、体験する以外に決めようがないのである。

そうした体験を経て、自分の好きなものがある程度わかるようになってきたら、もうひとつ大切なことは、自分で決心ができるということである。つまり自立するということである。自分はこれが好きだから、人がどう言うかは知らないが、自分はこれにしたい、これに決めたいと決断することである。自分はこれが好きなのだが、しかし、ほかの人にそれよりもこっちのほうがいいよと言われてふらふらするようでは、自立しているとは言いがたい。自分はこれが好きだからこれを選ぶというふうに視点がぴしっと決まっていないと、食べ物であれ職業であれ、あるいは妻にする女性であれ、夫にする男性であれ、決まらないだろう。

人がそれをどう思うか、母親がそれについてどう言うか、雑誌に書いてあるのと同じかちがうか、そうした外からの情報で決めるのであれば、それは本当に自分がしたいことを選んだ、あるいは自分が欲しいものを選んだということにはならない。仮に失敗したとき、自分は本当はそれが好きだったわけではないのに、母親がこう言ったから、あるいは雑誌にこう書いてあったからいいと思って選んだのに話がちがうではないかと、責任を転嫁するようになる。

一生懸命生きてこそ実りは得られる

女性の生き方が多様化したと言われているが、本当にそうなのだろうか。私は、メディアや消費を目的とする宣伝文句にすぎないのではないかとしばしば思う。

もし五十円の弁当と十万円の弁当があるとしたら味も栄養も大いにちがうということはあり得るかもしれないが、たかだか五百円から千二百円ぐらいの幅しかないのだから、どれをとってもそんなに味はちがわないはずである。あとは自分の好き嫌いだけの問題である。これと同じように、いま、人の生き方もどれをとってもたいしたちがいはないのではなかろうか。ほんのちょっとのちがいだけのことであって、本質的に多様化されているわけではないという気がする。

本当に実りある生活というのは、表面上の多様化、括弧つきの「多様化」がもたらすものではなく、自分の手で仕事や夫を探し、見つけ、つかみとり、そして生かしていくことで得られるものではなかろうか。

何年か前、テレビのコマーシャルで、女の人が男の人の背中におんぶされて、あれも欲しいこれも欲しい、あれも買ってこれも買ってと言って指さしているというのがあった。その女の人を背負っている男は、彼女が欲しがるものを全部レジに持っていって、カードで支払った。つまり、お金がなくてもカードで買えますよ、カードをつくって買ってくださいという宣伝だったわけだが、そのときに、あれも欲しいこれも欲しいと男に頼むのが背中に乗っている女の人だったということが大変おもしろかった。

このコマーシャルは、ある時期、欲しいものをすべて買ってくれる夫や恋人、あるいは何でも買ってくれる親、自分がしたいことをすべて許してくれて実現してくれる夫や親が自分の理想だと女性が考えていたことのひとつの現れだったように思う。しかし、何でも買ってくれる夫や親が、本当に自分の生き方にプラスになると女性たちは考えていたのだろうか。

大変古風な言い方かもしれないが、人生には、いいことばかりでなく、苦労があり、努力がいり、忍耐が必要になる。生きていくための苦労や忍耐や努力があるからこそ、それが実現されたとき実りが得られるわけである。充実感と言ってもいいだろう。生きていくために必要な努力がなければ、じつは実りというものも感じられないのである。

自己実現というものは、外から与えられるものでなく、自分で苦労してはじめて自分なりの自己実現があると考えたらいいかもしれない。人から見て、これとそれとあれがあれば、それは自分の人生が豊かになったということだと言われても、実際に自分の手でつかんだのではなく、人から与えられたのだとしたら、それは大した楽しみにならないし、満足にもならないだろう。

楽しいとか楽とか便利とか簡単などというものだけでは、人生の満足は得られない。いま、考えたり悩んだり、苦しんだり、辛い思いをしたりすることはすべて嫌われているが、そういうことがあってはじめて、そのなかから人生を生《なま》でつかむことができる。自分の力を感じることができるのである。

危機や危険のなかで人間はふだん気がつかなかった能力や勇気を知ることができるとよく言われるが、そのとおりだと思う。考えたり悩んだり苦しんだりするなかから、自分の人生がつかめるのではないかと思う。

専業主婦を嫌う女性は、一度は結婚して専業主婦になったことのある女性に多いようだが、彼女たちはしばしば、「専業主婦をやってみたらつくづくいやになった。たしかに生活は楽だし、欲しいものはみんな買える。でも、専業主婦をやめたときに、本当の自分の充実がもてた」というようなことを雑誌などに書いている。

それらを読んだり聞いたりした専業主婦は心配になり、本当にそういうものなのかと考える。しかしそれは、専業主婦をやめたから幸福になったという、そんな単純なものではないと思う。離婚という、人生の危機をなんとか乗り越えたところで、自分の力を再確認したということなのだろう。専業主婦であろうとなかろうと、自分の能力や努力を試されるようなチャンスに直面したとき、本当の生き方というものがわかってくる。それを乗り越えたときに、自分にはこんな力があったのだという満足感、充足感が得られるのである。

ひと味ちがう多様化でしかない

人に与えられることばかり考えていると、そこから得たものはごく軽いものになってしまうし、本当に自分が大事にできるようなものではなくなってしまう。つまり、いまの生活のなかで、人と比較するとはいっても、こういうものを持っているといい、ああいうものを持っているとあなたの地位の証になると雑誌やメディアに言われて買うのだとしたら、そこでは何の努力もなされていないことが多い。

　自分でお金を稼いで買わなければならないという人の場合には、お金を稼ぐという努力はあるかもしれないが、その努力をできるだけ簡単なことですます、たとえば援助交際のようなことをやって手に入れるのだとしたら、手に入れたものにたいする喜びは非常に小さくなると思う。

　だから、お金で買えるようなものではなく、自分が努力しなければ手に入らないというものを目標にすれば、それを得たときの喜びは大きい。さらに、手に入れるのが難しいものを目標にすれば、あれもこれもというわけにはいかないこともわかるはずだ。

　お金で買う場合には、三つあるなかからひとつを選んでもいいし、お金さえあれば全部を買ってもいいし、右のものも欲しい左のものも欲しい、夫が豊かなら親が豊かならみんな買ってもらえるということはあるが、自分の手でつくり出すとなると、あれもこれも全部つくり出すことは、少なくとも一度にはできないのである。

　人生においては、一時期にひとつのことをやって、その次の時期にまた別のことをやるというように、知恵を働かして、自分でひとつひとつつくりあげていかなければならない。そうやって手に入れたものは、ほかの人は手に入れることのできない自分だけのものになり、本当にそれを誇りにすることができると思う。

いずれにしても、いまは本当の意味での多様化の時代だとは思えない。デパートにほんのちょっとだけちがうものがあふれているのと同じように、生き方についても、いろいろな情報が氾濫しているが、それらのほとんどは本当の生き方のちがいではなくて、ひと味ちがうふうの生き方情報なのである。

考える力を養うのは読書だ

そもそも人間の生き方にそんなに多様性があるわけはないと思う。以前は、周囲からの制約で否も応もなしにひとつの生き方しかできない場合も多かったが、いまでは、自分自身で生き方を見つけなければならない。しかし制約がないだけに、たくさんあるように見えるなかから、自分でひとつ選ばなければならないわけで、以前より選択が難しくなった。外からの制約があれば、それしかないわけだから、あちこち目移りすることはないが、制約がなくなったいまは、自分でそれを決めるという、非常に難しい仕事が生まれたのである。

そういう場合、親も先生もふくめて人は助けにならない。何をしたいのか、何を選ぶかは、まったく自分の判断であり、決断にかかっている。そして、その結果については、自分で責任を負う以外にない。それが、そのときにはわからなくても、あとになればわかってくる。そういう生き方を選ぶことが、豊かな生き方であり、自己実現、あるいは自己充足なのである。

生き方を決めるのに簡単な道はない。自分の一生の仕事を決める。結婚する相手を決める。仕事をやめるか専業主婦になるかを決める。子どもをどう育てるかを決める。夫とのあいだがうまくいかないから離婚するかしないかを決める。こうしたすべての問題を、自分ひとりで決めなければならない。あるいは、人からの助けを多少は得るにしても、大筋は自分で決めなければいけないとなったら、若いときから自分で考える力を養っておく以外に方法はないのである。

自分で考える力を養うとはいっても、何もしないで養えるわけはない。では何をすればいいかというと、結局は、ほかの人の人生を通じて、人間の生き方や人生を学ぶことである。つまり、読書をすることである。小説を読むことも、伝記を読むことも、歴史を読むことも、それらすべてをふくめて読書をすることが、人生について学ぶことのいちばん大きな力になると思う。

その場合、他の人の生き方で自分が感銘を受けたものを、どうして感銘を受けたのかを考えてみることが大切になる。アニメでも漫画でもいいではないかと言われるかもしれないが、ぱっと見てきれいだと思ったり、可愛いなと思ったり、すごいなと思ったりすることと、読書を通して自分の頭で考える力を養っていくのとはまったくちがう。表面だけ見てきれいそうだとかおもしろそうだとかいうのと、自分自身がある生き方についてどう考えるか自分の心にたずねてみることとは、まったく別のことである。

そして、考える力を養うというのは、物で養われるわけではなく、自分の頭脳、自分の心で養うわけだから、買うことはできない。おしゃれやブランド品や、旅行やイベントなど女性が楽しむことはさまざまあるが、これはお金を出せば誰にでも求めることができることであって、自分だけのものとはちがう。

自分の人生をどういうふうに生きるかを決めるためには、お金を出せば手に入るものとは別の、自分を鍛えてくれる何かを求めることが必要になってくる。暗記して点数をかせぎ、資格をとっても、自分の人生を鍛えてくれることにはならない。点数だけが問題になるような資格ではなく、本当に自分にできるかできないかやってみてはじめてわかるような仕事を探し、やりたいことを求めるという生活は、考える力を間違いなく養ってくれると思う。

人生の選択をどうするか

昔の大家族とちがっていまは、キャリアを求めている女性も、専業主婦の女性も、あるいは独身の女性も、大きな集団の中で暮らしているわけではない。それなら、家族という小集団から離れて、まったくひとり暮らしをしていられるかというと、そんなことはない。どういう生き方をする女性でも、社会と結びついて生きていく時代になっていると思う。だから、そういう時代にふさわしい生き方を求めるのがいちばんいいことだと思う。

それには社会の中で孤立しないことである。それは、ひとり暮らしで寂しいということとはまったく別のことである。ひとり暮らしで寂しいというのは自分でどうにでもなることだが、社会から孤立してしまったら、それは自分が精神的に社会や地域から疎外されることであり、どこともつながっていないことになる。だから、そうならないように社会の中で生きる自分というものを考えなおすことが、今後の女性の生き方としてとても大切なことになると思う。

選択肢が増えたということは、かえって選択を難しくしているわけで、いい選択をするためにはまず、そこに提供されているものの質や価値についてよく知ることが大切である。

それは情報ということではない。まず情報を受ける。しかしその次には、たくさんある情報のなかから、どれが本当に欲しいのか、あるいは何のために欲しいのか、それを考えるのは自分自身でなければならない。このふたつができなければ賢い選択はできないわけで、しかも人生の選択というのは、しばしば一回かぎりのことが多い。

買い物であれば、買ったものがあまりよくないときには、来週に別のものを買うこともできるが、人生においては、同時にふたつを選択するということはめったにできないし、今日やったのが間違いであっても、翌日にやりなおしがきかない。とすれば、一回かぎりの選択をどうやったら賢くできるかということが生きていくうえでとても大事なことになる。

いま女性には、選択肢は増えたように見えても、その多様化した選択肢のなかから選ぶだけの賢さがともなっていないように思える。これからの女性は、何を選ぶにしても、そして、それが生き方であればとくに、自分の考える力、真の賢さを養うような勉強を小さいときから積み重ね、間違いのない選択ができるようにならなければならない。

そうでなければ、女性が多様化した実りある生活をできるようになったとは言えないと思う。

第二章　どこか変だぞ子どもの生活

5　目にあまる自由と権利のはきちがえ

子どもには自由や権利はない

自由と権利について大胆な言い方をするなら、自由と権利というものは、一人前の人間のためにだけあるものと言えるのではないかと思う。つまり、自由と権利を行使したいなら、自立していなければいけないと思う。

このときの自立とは、経済的な自立であり、精神的な自立を指す。

自由には責任がともなうし、権利には義務がともなうと言えば、あまりにも紋切り型の言い方になってしまうが、実際、そのとおりである。自由にはその裏に責任があるから自由の意味が出てくるし、権利のあるところには義務があるから権利というものが尊いものになってくる。

つまり、責任をとれる人というのが一人前の人間なのである。義務を果たせる人というのは、納税義務にしてもそうだが、一人前に生活している人間のことを言う。収入のある人に納税義務がともなうわけで、働いていない人には納税義務は生じない。だから、この人たちには働くことから得られる権利はないということになる。また、犯罪を犯して刑務所に入れられている人間には自由も権利もない。同時に、自分自身を養う義務もない。

自由には責任がともなうという言葉について、不自由にだって責任がともなうはずだと言った人がいるが、不自由に責任がともなうなどということはあり得ないと思う。ほとんどの人は自由や権利を求めているのであって、不自由を願う人というのは考えられないのである。

自由や権利が欲しいというとき、自分の求めている自由と、他人の求めている自由とがしばしば衝突するので、そこで責任とか義務とか制限が必要になってくるのであって、不自由を希望する人同士がぶつかって、それに責任をとらなければならないなどということはあり得ないことであり、それは言葉の遊びにすぎない。

自由とか権利という言葉を言葉の遊びにしてしまわないで、本当に自由や権利が自分にとって何を意味するのか考えてみる必要があると思う。というのもいま、自分に都合のいいようにだけこれらの言葉を使っている人が多いような感じがするからである。

たとえば、こんな話を聞いた。幼い子どもを連れた母親が、フランス料理店で料理を食べていた。その最中に、子どもが退屈して、隣のテーブルの人のところへ行っていたずらをしたり、ふざけたりした。たまりかねたのだろう、隣のテーブルの人がウエイターに何かささやいた。するとそのウエイターは、騒いでいる子どもの母親のところに行って何かを言った。突然、母親が立ちあがり、レストランに居合わせた人たちに向かって、「私にはフランス料理を食べる権利はないんですか。ちゃんとお金を払うんですから、私にだって、仮に子どもを連れていてもフランス料理を食べる権利は当然あります。あなたは、私の権利を否定するのですか」と訴えたという。さて、そのときの反応はと言えば、なんとレストラン内から拍手が起こったというのである。

私はこの話を聞いて、とうとうここまできたか、と思った。最近、子どもについて何か言われると母親がひらきなおるということがしばしばある。しかしこの例は、権利の問題でも、自由の問題でもない。あくまで他人に対する配慮の問題であり、マナーの問題なのである。このことがこの母親にも拍手をしたお客にも、まるでわかっていない。

たしかに、誰でもお金を払えば物を買ったり、サービスを受けることができる。しかし、自分がそのサービスにお金を払ったからといって、ほかの人を不愉快にさせていいということにはならない。自分がしかるべきサービスを受けているように、ほかの人も自分にふさわしいサービスを受けて当然なわけだから、自分の子どもがその邪魔をしているとしたら、子どもをなんとかするのは母親の責任であり義務である。

この問題は母親にフランス料理を食べる権利があるかないかということではなく、子どもの行為にたいして親が責任をもつということで考えなければいけないと思う。だから、仮にレストラン側が、フランス料理を食べたければどうぞおいでください。ただし子どもは誰かに預けてきてください。子どもはほかの人の邪魔になるので連れてこないでくださいと言ったとしても、それは当然のことだと思う。百歩ゆずって、どうしても子どもを連れていきたいというのなら、人の邪魔をしないようにしつけておくべきだろう。

それにしても、権利を主張したこの母親は、本当に自分の子どものことを考えているのだろうか。

また、自分の権利を行使するためには、他人を無視してもいいと考えているのだろうか。

子どもの自由、権利は、親が子どもに保障しているものであって、子ども自身が獲得したものではない。先にふれたように、自由や権利が一人前の人間のためにあるものだとしたら、子どもは一人前の人間ではないのだから、自分にはこういう自由がある、こういう権利があるなどと言えないのは当然のことである。また、子どもは自分で責任がとれないから、その責任をとるのは親あるいは親に相当する人ということになる。

一人前でなければ自由や権利を行使できないというのは、自由や権利というものはそもそもお金で買えるようなものではないし、黙っていて与えられるものではないからである。歴史的に見ても、それらは自分で獲得するものであって、生まれながらにして人に与えられているものではない。ただし、生きる権利という最低限の権利だけはすべての人間に与えられたものとして保障されるべきであると考えられている。

自由や権利というものは、自分がそれを与えられるのにふさわしい人間だということを証明することによってはじめて与えられるものであり、行使していいものだと思う。自分に自由を行使するだけの能力や資格がある、あるいは成熟度があるということを見せる必要があるということが、自由や権利を考えるにあたっていちばん大事な点だと思う。だから、自由は子どもが将来大人になってから獲得できるものであって、そのために子どものときから努力する必要があるということを、子どもを育てる親は知っておかなければならない。

専業主婦には自由がないと言う人がいる。夫以外の男性を好きになる自由がない、遊びに行く自由がないと言う人もいるし、だから専業主婦は辛いと言う人もいる。しかし、ほかの男性を好きになる自由とか、遊びに行く自由とか言うときに、その結果にともなう責任を考えずに言っているとしたら、たしかにそんな自由はないだろう。

日本は一夫一婦制の国であり、少なくとも法律上は、夫と妻は互いに助け合い、忠誠を尽くすことになっている。だから、ほかの男を好きになる自由は、自由としてはあるが、しかしその結果、夫から離婚されたり、相手の男性の妻から訴えられたりすることがあり得る。その責任がとれるなら、ほかの男性を好きになってもかまわないわけで、自由がないわけではないのである。

また、遊びに行く自由がないという場合でも、遊びに行きたければそれはかまわないが、その結果として家庭がうまくいかなくなったり、子どもに事故があったりした場合には、その責任を自分がとらなければならない。それを承知なら、遊びに行くという自由は存在するのである。

自由とは自分が勝手にしたいことをすることだとしたら、専業主婦にはたしかに自由はないかもしれない。しかし、専業主婦にかぎらず、男女を問わず、働いている男性にも、キャリアを追求している女性にも、好き勝手なことだけをしていられるという自由は存在しない。

さらに、家庭というのは大変に退屈なものであり、たとえ嫌になっても夫につきあわなければいけない、これはとても不自由だ、専業主婦の多くがそういう不自由に耐えているのだと言う人もいる。しかし、これも自由とか不自由という問題にはあたらない。もしそんなに嫌だったら、夫婦の契約を破棄して家庭を出ていくことだってできる。ただし、契約を破棄して結婚という制度から出ていくことにともなう責任を自分がとらなければならない。そのなかには当然、誰も養ってくれなくなって飢える場合もあり得るということも入っているから、逆説的にいえば、飢える自由というのもあると言えるかもしれない。

学校へ行く行かないは親が判断すること

最近、学校へ行きたくない、義務教育を受けたくないと言う子どもが増えている。そういう子どもが、自分たちには学校へ行かない自由がある、学校へ行かないのは自分たちの自由だと言うのをしばしば聞く。

しかし、それは子どもの権利や自由の問題ではない。義務教育というけれど、その真の意味は、子どもに学校へ行く義務があるということでなく、子どもを学校へ行かせる義務が親にあるという意味である。

まだ一人前でない子どもは、大人になったときに必要と考えられる知識や、身についていないと困る集団生活のルール、礼儀、習慣などを自分で獲得することができないから、大人になるために必要と常識的に考えられているすべての学習、身につけておくべきことを学ぶ場所として、国が小学校、中学校を国民のために確保提供し、親は子どもをそこへ送ることを義務づけられているのである。いい市民、いい国民になるために必要なことを子どもに教えなければならない、それが国家の義務であり、その義務は親を通じて実施されるのである。

もともと教育は義務というより特権であった。日本でも戦前は教育を受けられることは特権であった。親が貧しいため、あるいはその他の理由で、教育を受けたくても受けられない子どもが多かったのである。現在の日本に、すべての子どもに同じように与えられているその特権を自分から捨てようとする子どもがいるのは、それが特権であるという自覚がなく、たんなる怠け心、家でぬくぬくと、規律もなく、家の仕事を手伝いもせず、ゲームをやったり漫画を見ていたいという欲望のためのように思われる。ただし、学校へ行きたくないというのが、本当は行きたいのだけれどいじめがあるとか、先生が暴力をふるうから嫌だという、特別の、納得できる理由があれば話はちがう。

最近増えている不登校は、理由のない、なんとなく行きたくない、足が学校のほうへ向かないなどというもので、親や家庭に問題があることが多いと言われるが、それは別に対処するべき問題である。いずれにしても、子どもが、自分たちには学校へ行かない自由や権利があるなどと居直って言うべき問題ではない。

親は子どもに必要な教育を受けさせるというみずからの義務を果たすために、小学校入学前に子どもにそのための準備をさせ、なぜ学校へ行かなければならないかをわからせる必要がある。有名校だの受験校だの、ブランド品のように選んで子どもに押しつけるのではなく、子どもにとって学校へ行くことは最も大切なことであることを納得させなければいけない。大切なだけでなく、友だちをつくり、集団生活をするのが楽しいと感じられるように、小学校へ上がる前に家庭や幼稚園でその準備がなされなければならない。親のほうがそういう準備を何もしないで、つまりは面倒だからとか忙しいからという理由で怠けていて、規則正しい生活をしたこともなく、しつけを受けたこともなく、また親がよい手本となることもない家庭の子どもが学校に入れば、規則に従うことや自分のわがままを抑えることを苦痛に感じるのは当然である。

自分勝手をしたいために学校へ行きたくない、行かない自由があるなどと言う子どもを、親も一緒になって、そうだそうだ、行かない自由があると言ったり、そのうち誰かがなんとかしてくれるだろうと考えてほうっておけば、事態はますます悪くなるばかりである。いまの世の中は、少しでも規則にしばられたり、努力が必要だったり、辛いことはしないほうが利口だと考えられているようだから。

体験、体力、努力

子どもの権利というとき、子どもが生きる権利、つまり食べるものを与えられ、衣服を着せられ、住むところを与えられて育つ権利は、子ども憲章などで決められていることで、先進国では子どものそういう権利が守られている。しかし貧困国のなかには、そんな自由も権利もない子どもがたくさんいる。それは、子どもたちにそういう権利を保障するはずの大人の生活が貧しいからである。

日本の子どもたちにはそういう意味での権利や自由は十分に保障されている。しかしそれ以外には、義務教育を否定する権利も学校へ行かない自由というものもない。ただし、義務教育であっても、どこの学校へ行くかの選択は親がしてもいいと思う。みんながみんな、画一的な小学校で、画一的な勉強をし、同じように受験をするべきであるとは思わない。勉強の方法をはじめとして何もかも画一的であるなら、それが嫌だという子どもが出てきて当然だろう。しかし、そのことと、義務教育を否定するとか義務教育が嫌だということとはちがう。

義務教育の中身は、前に述べたように、最低限これだけの知識が必要だとか、集団生活のルールとしてこれだけは欠かせないという観点から必要なことが決められるわけだが、その必要なことを子どもに身につけさせるには、いろいろなやり方があっていいはずである。だから、自分の子どもがほかの子よりも変わっていたり、あるいは特殊な才能があって、ほかの子どもたちと一緒では伸ばせないと考える親、また、別の方法でやったほうがずっと子どもの成長に役に立つと親が思うなら、別の方法を選んでやることも可能であってしかるべきである。

義務教育制度というものは、子どもが大人になるまでにこれだけは知っておいてほしい、身につけておいてほしいというものがあって、知能の面で、徳目の面で、さらに集団生活をするという観点からも考えられてつくられてきたものである。したがって、いまの義務教育、学校教育というのは、いまの日本で生きていくのにいちばん役立つだろうと思われるものを選んで、子どもたちにおぼえさせたり勉強させたりしているのであるから、これが絶対的なものと言えないことは当然である。

いま社会が大きく変化しつつあるとき、子どもに最低限必要と思われる、必修の学習というものも変わってきているし、それにともなって、子どもが身につけたり学んだりするものが変わってくるのは当然のことである。

さらに、小さいときから机の前で勉強するのは嫌だという子ども、外で働くほうが好きだという子ども、ピアノを弾いたり絵を描いたりする才能があり、その方面に進みたいという子どももいるはずである。そうした子どもに、親が責任をもってそういう勉強をさせてやる、あるいは指導するということは、あってもいいことだと思う。

しかし、子どもが何もしないで遊んでいる自由、病気でもないのに何もしないでぶらぶらしていたり、寝床の中でぐずぐずしている自由などというものは存在しない。くり返しになるが、親には子どもを一人前にする義務と責任がある。そして、親の義務と責任のもとで暮らすのが子どもの生活である。子どもが一人前の人間、大人になるために何が必要かということは、国や学校の先生はもちろんのこと、親も考えるべきことだと思う。なかんずく、親が考えるべきである。

では、具体的に何を考えるべきなのか。

はじめに知識というものがある。それはたいていは与えられた教科書を読んだり、問題を解いたり、記憶したりしながら習得していく。もちろん、教科書以外の本を読むことも必要だろう。一人前になるためには、ある程度の学歴が必要だと考える人たちもいる。また、高等教育まで受けなければいけないと思う人もいるかもしれない。

次に、子どもには体験が必要だと多くの人が考える。体験というもののなかには、けんかをしたり、遊んだり、仲よくしたり、ときには殴り合ったりと、さまざまなことが含まれている。その体験の多くは、集団生活から生まれてくる。ひとりで部屋にいたのでは、体験は得られない。だから、学校という場で集団生活をするなかで、競い合ったり、けんかをしたり、仲よくしたり、助け合ったりすることは、将来の生活を助けるのに必要な体験である。

ひとりで部屋にこもり、母親にすべての面倒をみてもらっているのとはちがって、学校に行けば、かなり忍耐が必要になる。自分がトイレに行きたいと思っても、ふさがっていたら待たなければならない。自分が使いたいと思うボールをすぐに使えるとはかぎらない。そうしたときに、トイレが空くのを待って順番で使ったり、どうやって順番を決めようかという工夫を子ども同士ですることが、非常に大事な体験になる。

第三に、子どもにとって大切なことは、体力をつけることである。部屋にとじこもって母親に何もかもしてもらっていれば、体力があるかないかということすら問題にならないし、体力がなくたって生きていけると考える子どもが出てきても不思議ではない。しかし、子どもであっても、他人のなかで自分のやりたいことをやろうと思えば、人を押しのける必要も出てくる。人から押しのけられたとき、それを突きかえすだけの力も必要になる。待つことにも体力は必要で、座りたいと思っても立っていなければならないこともある。このように、集団生活のなかで他人に伍していくためには体力が必要なのである。

第四に、努力というものも必要になる。学校生活のなかでは、努力しているかどうかによって、自分の立場が決まってくることが多い。少しでも努力すれば、学校での自分の生活がよくなったり、教室で楽しかったり、運動会が楽しかったりするが、努力をしなければ、いつまでたっても誰にも相手にされないということもあり得る。

大人の権威の否定は危険な徴候

知識、体験、体力、努力ということをとりあげたが、いまの学校教育で、子どもが一人前になるために必要なこうした要素がきちんと教えられているかどうか、それが子どもの身についているかどうかを、いま検討してみる必要があると思う。

教育やしつけなどすべてのことが大きく変化している状況において、もう一度根本的に、一人前の人間となるために何が必要なのかを考えてみなければならない。そして、それを身につけるためにどうしたらいいかということを考えてみなければならない。その結果、もしいまの学校教育に子どもを一人前に育てるために必要な要素が欠けているとしたら、学校教育のほうを変えていかなければいけないということも出てくるだろう。

不登校の子どもたちが、自分ではっきりわかっていないが、いまの学校が自分の希望するものと合っていないとか、居心地が悪いと漠然と感じているのだとしたら、それを真剣に考えるのは、親や教師や国の責任だと思う。彼らの居心地の悪さ、ときには反抗というものが、たんに怠けたいからとか、何もしたくない、規則にしばられるのが嫌だということからきているのか、それとも、いまの学校教育のなかで大事なことがおろそかにされていることからきているものなのか、大人が考えてみる必要があると思う。ものをおぼえたり勉強したりするのが嫌な子どもに、やたら受験勉強用の知識をつめこんでいくのがいまの学校教育だとしたら、それを考えなおすのは、子どもの権利や自由を保障している大人の側の責任である。

しかし、子どもに何が必要で、何が必要でないかということは、簡単に言えることではない。子どものときには必要でないと思われることでも、大人になれば必要になるということもある。あるいは、こういうことを知っていてもいまは何の役にも立たないが、それによって精神が鍛えられ、ものの考え方が鍛えられるということもある。

たとえば代数は義務教育では必要ない、そんなものは役に立たないんだから学校で習いたくないと言う子どもがいる。物理なんて必要でない、化学も必要でないと言う子どももいる。しかし、それが本当に必要になるかならないかは大人になってはじめてわかることで、それを子どもに問うのは間違っている。いずれにしても、必要不必要、役に立つ立たないを一概に決めることはできないから、やたらに制度を変えたり、教育内容を変えたりすることは間違っている。

しかし、子どもにとってそれがどうしても大切だと大人がわかっているものがあれば、子どもがいくら拒否しても、子どもを説得する必要がある。たとえば物理はいまは直接に子どもの生活に役に立たないかもしれないが、科学的なものの考え方を身につけるために必要なのだとか、数学は論理的にものごとを考えられるようになるためにやらなくてはいけないのだとか、漢字を習わなくてもひらがなでも大丈夫だと言う子どもには、漢字というものを通して日本の文化がわかるのだということを教えることで、いますぐに役に立たなくても勉強する必要があることを子どもたちに納得させなければいけないと思う。

これまでは、子どもはやりたくないことがあっても、大人に言われれば、やはりやらなければいけないのだと思ってやってきた。大人にたいする敬意とか尊敬があって、大人が言うのだからしかたがないと思っているところがあった。そして、先生や親に代表される大人たちも、自分の権威で子どもにさまざまなことを押しつけてきた。これは将来必要になるかもしれない、これはとてもいいことなのだからやりなさいなどといちいち説明しなくても、学校へ行ったらこういうことをやるんだよと言うだけで、子どもは言うことを聞いて、おとなしく勉強をした。

しかしいまは、そういう関係が期待できなくなりつつある。その原因は、大人に権威がなくなったことにあるが、子どもが大人の権威を認めなくなったということだけではなく、大人のあいだに、大人が権威をもつことを否定するような風潮が出てきたことにもある。先生や親が権威をもっていてはいけないという世論やマスメディアの論調が子どもの耳にまで入るようになり、親や先生の権威を否定することはいいことなんだ、それは素晴らしいことなんだと思うようになってきたのである。

子どもの口達者な自己弁護に惑わされないこと

そして、子どもたちのなかに、親に勉強を押しつけられるのは嫌だ、なんで毎日学校へ行かなければならないんだ、学校なんて行きたくない、はては義務教育を拒否するのは自分たちの権利だ、とてもいいことなんだと、かつては考えられなかったような理屈を言って、自分は何にもしないでいたい、遊ぶことしかやりたくないとはっきり言う子どもが出てきた。また、それをいいことだ、子どもの自主性だ、個性だと考える大人が増えている。

勉強は自分ひとりでできる、だから学校なんていらないと言う子どももいる。勉強はしたいときにやればいいんだから、なにも八歳、十歳のときにやる必要はないなどと言う子どももいる。

さらに、非常にこまちゃくれた子どものなかには、どうせ人生なんていうのは暇つぶしなんだから、いまは自分の好きな暇つぶしをやって、あとでもし勉強したいということがあればそのときに自分でやるからいいなどと言う子もいる。あるいは、自分で勉強していると言う子どもに、どんな勉強をしているのかを訊くと、学校へ行かないで漫画だけを読んでいると言う子どももいる。漫画を読んでたって十分に勉強になると、まじめに言う子どももいる。

いまの子どもたちが、してはいけないことをしたときに、それを自己弁護したり正当化する際の口実が、人を驚かすような、じつに巧妙な屁理屈からなっていることがしばしばある。それは、たいていマスメディアの論調の口移しにすぎないのだが、それにしてもその演技力はたいしたものだ。

たとえばいまあげたように、不登校の子どもに、なぜ学校へ行かないかと訊くと、どうせ人生なんて暇つぶしなんだから、学校へ行かなくたってうちで暇つぶしをしていればいいと言ったり、暇つぶしっていったい何をしているのと訊くと、漫画を読んでいると言って悪びれたふうでもない。そういう子どもたちの態度や言葉をとりあげて、マスメディアがしばしば賛同する。とくにテレビ番組などにそういう子どもが連れだされると、ますます得意になって、すれた中年が言いそうなことを主張して、親や大人をびっくりさせる。

子どもが学校へ行かないことで困るのか困らないのか親のほうがわからなくなるくらい、子どものほうは親をなめてかかって、ちょっとおもしろいことを言ったりする。親が返答できないような言い方をすればごまかせると明らかに思っているようなのだ。もしかしたらこの子たちは、そういう言い方をすることでテレビに出られたり、テレビ局の人にちやほやされて、それが自分の人生のなかでいちばん大事なことだと勘違いしているのではないかと思いたくなる。

大人は、子どもが口達者に自己弁護をするとき、その言葉に惑わされたり、影響されないでほしい。ましてや、それはとても斬新なことだなどと感心してはならない。口で何を言っても、子どもが本当にやるべきことをやっていなければ注意をしなければならないし、さらに言うなら、口達者な子どものしゃべり方や態度をちやほやしないように心がけることが、教育上、非常に大切なことなのだ。

こうした状況だからこそ、なにより必要なのは、大人（とくに親）が子どもに、彼らに与えられている特権がどういうものかを教えることである。それもただ言葉で教えるのではなく、体で教える、態度で教えることが肝腎なのである。

勉強をしないで、勉強はしたいときにやればいいなどと言う子どもには、次のように言うべきである。おまえたちは学校へ行かないのなら働かなければいけない。勉強もしない、働きもしない、何もしないような子どもを養っておく義務は親にはない。親が子どもに自由や権利を保障しているかぎり、親は子どもがするべきことを決められるのであって、もし、親がやりなさいということをやらないのなら自立しなさい。二十歳になっていなくても、十歳で子どもが自立したってちっともかまわない。だから、自分で働いて、自分の口は自分で養いなさい。このように親は言うべきなのである。

また、勉強はしたいときにやればいいとはいっても、自分で独立して収入を得るようになったらとか、したいときになったらなどと言っていられない、お金を稼ぐことに精いっぱいで、勉強をやる時間などなくなるということをきちんと言うべきである。

やりたいときにやればいい、自分で勝手にやればいいなどと言っている子どもは、自分は一生、親に面倒をみてもらうのだと思っているのではないか。そして、自由放任に拍手喝采するようなマスメディアや有識者の論調があるいま、親はますます声を大にして、それならできるだけ早く自立すること、自立した際には、学校へ行くか行かないかも、乞食になるのも餓死するのもあなたの自由であるから勝手にやりなさい、とはっきり言わなければ、子どもたちにわからせることはできないと思う。

子どもが学校へ行かない自由があるとか、勉強しない自由があると言うとき、それにたいして、大人はまっとうに立ち向かった本気の返事をしない。それどころか、そういうものを外から眺めて、おもしろいおもしろい、なかなかいいことを言うじゃないかと、もてはやすような風潮すらある。まことに嘆かわしいかぎりだが、だからこそ学校教育の意味、とくに義務教育の意味を大人や親や先生が考え、子どもとまじめに話し合わなければならない。いまこそ、学校教育は嫌だ、学校へ行くのが嫌だという子どもに立ち向かって、真剣に話し合わなければいけないときである。

その際には、親がだめと言ったらだめなのだという、親のはっきりした態度が要求される。学校へ行かないのなら、家の仕事を手伝いなさい、近所のラーメン屋さんで皿洗いをしなさい、小さい子どもの場合であれば、庭掃除をしなさい、と言い切るだけの覚悟が求められるのである。学校へ行かないならあとは何もしなくていいのだ、何の代償も支払わなくていいのだという勘違いをさせないことが肝腎である。

学校へ行くということは子どもの特権であり、貧しい国の子どもは学校へ行きたくても行けないのだということをいくら口で言っても受け入れないとしたら、あとは体でおぼえさせる以外に手はない。つまり、学校で勉強したり友だちと遊んだりすることがいかにありがたいことかをわからせるには、学校へ行かない子どもを働かせることが必要なのである。

学校での集団生活には大きな効用がある

子どもは学校へ行くことで、はじめて集団生活を経験する。それにはどんな効用があるのか。

第一に、世の中にはいろいろな人間がいるということを知ることである。先生も校長先生も上級生もいる、下級生もいることを知るという、非常に大切な体験ができる。かつては大家族や地域社会のなかで体験できたことが、いまはほとんど期待できないので、学校生活がますます大切になってきたのである。

第二に、尊敬できる先生に出会ったり、あの先生がとても好きだという気持ちをもつことで、親以外の他人のなかにも、自分が好きになれる人がいることを知ることができる。

ちがう世界の人たち、ちがう年齢、ちがう生活をしている人たちに出会うことは、子どもにとって非常に大切である。だから、学校という場での集団生活はほかでは得られない体験を与えてくれる。親はもっと決然として子どもに、そうした体験をするために学校へ行かなければいけないと言うべきだろう。

知育や才能を伸ばすということだけなら、おそらく家庭でも義務教育に相当する教育ができるにちがいない。現に子どもに義務教育を与えなくても親が処罰されないという国もある。たとえばイギリスがそうなのだが、うちの子どもは学校にはやりません、家で親が教えますという家庭もかなりある。この場合、親は子どもを教育することに全責任をとらなければならないわけで、親の責任は非常に大きなものになる。それと並行して、家庭ではできない集団の体験をどこかで受けさせる必要があるから、ボーイスカウトや子どもクラブなど、集団生活を体験できるところへ子どもをやらなければならない。親が学校にとってかわるというのは、けっして楽なことではないのである。

これとは対照的に日本では、家にいれば怠けていられるから学校へは行きたくないという子どもを親が黙認している場合が多い。それほど、いまの親は子どもに甘くなっているのである。

親が子どもの言うなりになっていたら、子どもはいつまでたっても一人前にならない。学校に行くことで、核家族、とくに母と子の関係から生じるプレッシャーを発散させることができる。プレッシャーを発散させるのに、暴力になったり、ほかの子を傷つけたりすることになると困るから気をつけなければならないが、ふつうは、親からのプレッシャーを学校や集団生活のなかで発散し、子どもらしさをとりもどすことができるように思う。

くり返すが、学校生活というものの大切さを親自身がいま一度認識し、子どもを説得することが大切なのである。学校へ行かない子どもにたいして、学校へ行かないことで何を失うのかを、親の責任として、子どもに話して聞かせる必要があるのではないか。

それでも学校へ行かないのなら、先にもふれたように、その代わりにこういうことをやりなさいと仕事を与えて、子どもが自然に、学校へ行くことはとてもいいことなんだ、特権なんだ、とても楽しいことなんだということを理解するようにしなければいけないのである。学校へ行かない自由があるという、聞いたふうな言葉を受け入れ、たしかにそういう自由があってもいいなどと親が思ってしまったら、それはとんでもない間違いである。

学校へ行かないのなら家で仕事をしなさい、働きなさいと言う場合、昔の子どもなら、弟や妹のお守《も》りとか庭の草むしりなど、さまざまな仕事があったが、いまはそうしたことは期待できない。それでも、買い物に行かせたり、掃除をさせたりすることはできるし、特別に店に頼んで、ガソリンスタンドで車の窓を拭く仕事などをやらせることだってできるはずだ。

イギリスでの実験

イギリスで、こんな実験がおこなわれている。学校へ行かない子ども、あるいは学校へ行ってもすぐに逃げだしてしまう子どもを、建設現場に送って、家をつくる仕事の手伝いをさせたのである。勉強を嫌がって学校から逃げだし、街をうろうろしている子どもたちを、無理やり学校へ引き戻すのではなく、その代わりに、ヘルメットを与え、先生が付き添い、建設現場の人に頼んで煉瓦積みの仕事をさせたところ、子どもたちはそれを大変喜び、楽しんでやったという。

こうして建設現場で何カ月間か働いたあと、いっそのこと子どもに煉瓦積みの資格をとらせようということになった。煉瓦積み士の資格をとるには、煉瓦を積むという実技だけではなく、ある程度の勉強もしなければならない。ところが子どもたちは、煉瓦積みの楽しさを知ったことで、それにともなって必要となる算数や英語のスペリングの勉強を喜んでやっているという。

イギリスの教育大臣（文部大臣）は、こうしたやり方を積極的に学校に取り入れていこうとしている。教育大臣はこう言っている。「勉強を嫌がる子どもを無理に押しつけて逃げだされたり、学校へ行かなくなったりされるよりも、毎日の生活のなかで役に立つ労働を子どもにやらせて、そこから勉強の大切さがわかってきたり、あるいは試験を受けることの意味がわかってきたりすることも、ひとつの教育である」

これにたいして、学校の先生や教育学者のなかには反対論もあった。そんなことをするのは早すぎる、そんなに早く労働を教えなくても、もっと辛抱強く学校に来させる努力をして、抽象的な勉強をやらせたほうがいいのではないか、と。しかしいまのところ、嫌がる子どもたちにシェイクスピアを教えるよりも、煉瓦積みであっても、ミシンをかけることであっても、何かひとつ自分のものと言えるようなことをやらせて、そこから子どもたちの可能性を伸ばしていくほうが教育としてはいいとされている。

これは大変おもしろい実験で、よその国でもけっこう参考になるのではないかと思う。では、日本ではどうか。ある校長先生から次のような話を聞いた。

中学生の不登校の子どもたちに、学校へ来なくてもいい、その代わりにガソリンスタンドで働きなさいと言って働かせたところ、一週間か二週間で子どもたちがみんな戻ってきた。その子たちは、あんな辛い労働をするよりも、学校へ行ったほうがいいと言ったという。

このように、いまの日本の子どもたちは、学校へ行くのに親がちやほやしてくれるし、生活も豊かだから、自分の立場のありがたさ、自分が特権を受けていることに気がつかなくなっているのではなかろうか。だから、特権が奪われそうになってはじめて、労働は遊びとちがって、嫌だと思っても一日の仕事が終わるまできちんと働かなければいけないことがわかったときに、やはり学校のほうがよかったと考えたのではないか。もちろん、労働基準法で中学生は働けないことになっているが、特例を設けて、学校よりもやはり労働のほうがいいと言う子どもには、労働に携わることを認めてやってもいいのではないか。

アジアやアフリカの多くの子どもたちは学校へ行くことがあこがれで、学校へ行く権利のある日本の子どもを羨ましく思っている。しかし、その日本でもついこのあいだまで、学校へ行きたくても行けない子どもがたくさんいた。

私の父もその口で、小学校四年生（当時、尋常小学校は四年制）で学校は終わりにしろと親から命令され、有無を言わさず働きに出された。父にとっては、学業をつづけることができたらどんなに嬉しかったかしれない。学校を途中でやめなければならなかったのはとても辛かったと、一生嘆いていた。父は、小学校を終えて働きに出て、大人になってから夜学で勉強したのだが、働きながら時間を惜しんで勉強することがどんなに大変なことか、私は話を聞いているだけでよくわかった。

だから、行かせてもらえるのに学校へ行かないで勝手に遊び、あとになって自分で勉強したくなったらすればいいさ式の考えが、いかに甘い考えであるか、私にはよくわかるのである。

実際に働いてみれば、労働と勉学を両立させることがいかに難しいか、勉強できるときに勉強しておかないと、あとになって後悔しても、勉強する時間がなかったり余裕がなかったりすることがわかると思う。だから、勉強が嫌なら、算数が嫌なら、国語が嫌なら、その代わりに働く、労働をするということを、親と学校が協力して子どもに教えなければいけないと思う。

6　好きなことだけをしていたいという子どもたち

親の態度の反映

子どもたちが、なぜ好きなことだけをしていたんじゃいけないんだ、と言うのをしばしば耳にする。ところが、そういう子どもに、好きなことって何と訊くと、たいていは答えられない。じつは、好きなことが何なのかを自分でもわかっていないのである。もちろんコンピュータゲームだとか漫画が好きだとかは言うけれど、たいがいは、何の努力もせずにできるたぐいのものである。自分で頭を使うことも嫌だし、体を使うことも嫌で、何もしないでぶらぶらしていたり、寝ていたり、コンピュータゲームはやるといっても指を使う程度、そんなことなのである。

なぜ、子どもがこんなふうになってしまったのか。これは、明らかに親の態度の反映ではなかろうか。親自身が努力するのが嫌だ、努力しないで楽をして暮らすのがいいのだという考えをもっていれば、子どもが好きなことしかしたくない、努力するようなことはしたくない、楽なこと以外はしたくないというふうになるのはあたりまえである。

では、子どもに、人生には努力が必要なんだ、学校も仕事も自分で努力しなければだめなのだということを、どうしたら教えることができるのか。

子どもたちから、好きなことだけするのがなぜいけないんだ、学校へ行かないのがなぜいけないんだと言われて、学校が大慌てで、子どもになんとか学校に来てもらいたい、子どもが何が好きかを先生みずからが発見しなければいけない、子どもたちのカウンセラーになって、楽しくておもしろいと思える学校、教室にしなければならないとあたふたしている様子は、なんとも滑稽である。

私には、不登校の子ども、好きなこと以外はしたくないという子どもをなぜ学校が責任をとって面倒をみなければならないのかが理解できない。それは親の責任以外の何ものでもない。親が責任をもって、学校が嫌だとか好きなことしかしたくないというのはうちでは許されない、とはっきり言えばいいことではないか。

だから、不登校の原因が学校だけにあるかのように考えるのは、とてもおかしなことに思える。カリキュラム、先生のあり方、一クラスの人数などは、子どもたちに好まれる学校ということから発想することではないはずである。もちろん、学校自体がさまざまなかたちで変わっていかなければならないということはあるだろうが、好きなことだけをしていたい、学校へ行かない自由があると言う子どもたちは、学校をどんなふうに変えても、やはり好きなことは学校以外のところにあると考えて、解決にはならないだろう。

すべての子どもたちが、いまの教室は嫌だ、いまの学校は嫌だ、先生のやり方は嫌だというふうになってしまうと、これはまさに学校崩壊になってしまう。それにたいして、先生が大慌てで、なんとかして学校をおもしろくしよう、子どもたちに好きになってもらうようにしようとしたら、学校が学校として成り立っていかなくなるだろう。

深い関係をつくりたくない

子どもたちは、家にいれば、おいしいものが食べられ、コンピュータやゲームソフトなどさまざまなものが与えられ、時間つぶしができることで、好きなことしかしたくないと言うようになった。子どもに与えられる物質的なものがあまりにも多くなり、あまりにも子どもがぜいたくができるようになって、それが楽しいことになってしまっているような気がする。

物は少なかったが、昔の子どもは、ほかの子どもたちと一緒になって遊ぶことが本当に楽しいことだということを知っていた。いまの子どもは、何をするにも自分ひとりでやっていればいいと考えて、学校へ行かなくても、いや、行かないほうが楽しいことができると勘違いしていて、親もそれを許容していると言ったら言いすぎだろうか。

それればかりか、多くの親たちは、自分の子がほかの子どもたちと一緒になって遊んだり、押したり押されたりしてけがをしたり、ひざをすりむいたりするのは、とても嫌なことだから、そういうことを子どもにさせないでほしいと、過保護になってしまっている。

子どもが物質的に豊かになりすぎていることと、親が子どものひとつひとつにまでこまかくかかわり、ああしたら困る、こうされたら困る、こうさせてくださいと、いちいち学校に言うようになっていることが大きな問題だと思う。親自身が社会的にものを見る訓練がなされておらず、母親はもちろん父親までもが、子どもを一人前にするには何をしたらいいかということを考えなくなっているのである。

いまの子どもたちは人とかかわりになることをとても恐れているような気がする。他人はおろか親ともかかわりたくないという子どもが増えていることでもわかる。友だちと一緒にいるのを嫌がるだけでなく、親と一緒に何かするのも嫌がるのである。

たとえば、クラスでいじめの問題が起こっているとき、いじめられている子がいることをみんなが知っていても、誰も助けようとしない。友だちがいじめられているのに、なぜなんとかしてやらなかったのかと訊かれると、かかわりたくなかったから、自分がいじめられたわけじゃないから、誰かがいじめられているときは自分が安全でいられるから何もしなかったと答える。

また、親にたいしても、心配をかけたくないと言う子どもたちがとても増えている。いじめの場合を例にとると、自分がいじめを受けていて、そのときになぜ親に話さなかったのかと訊かれると、親に心配をかけたくないからと言う子どもが非常に多いのである。親にそれほどまでに心配をかけたくないというのは、本当に心配をかけたくないからではなく、親とよそよそしい関係しかもてないでいるからのようである。そのために、親に安心して自分のことが話せないということではなかろうか。

いずれにしても、親とも先生とも友だちとも深い関係をつくりたくない、あるいは持ちたくないということが、いまの子どもたちの非常に大きな問題になっている。

親のほうもまた、子どもを叱らないことが多くなっている。子どもを叱って子どもに嫌われたくないと思って、自分の子どもが悪いことをしても叱らないという親が増えている。親が子どもを叱らない、先生も生徒・児童を叱らない、反対にご機嫌をとる、子どもも自分の悩みを先生や親に打ち明けない、いじめがあっても友だちを助けない——こんなことで、親も子どもも教師も、みんなが不幸になっているのではないか。また、先生が子どもを叱ると、なぜうちの子どもを叱ったんだと親が文句を言ってくるという話をしばしば聞く。こうして、親も先生も子どももみんな孤立し、人と一緒に協力して何かをするという喜びを発見しないままにすぎてしまうのである。

だから、いまの子どもが好きなことというのは、誰ともかかわりをもたずにすむ携帯電話で友だちと話すことであり、Eメールを交換することなのである。携帯電話やEメールというのは、直接かかわりをもたずに人と話す絶好の手段である。

そういう子どもたちをそのまま放っておくと、大きくなってますますこうした傾向が強まり、集団生活や人とつきあうことができないことから、さらに自分の殻にこもっていくという人間が大量にできてくる。

このような状況のなかで、親がなすべきことは、人とつきあえず、自分の好きなことしかしないという子どもの態度をなんとかしてなおすこと以外にはない。ちょっとした困難や不愉快さを我慢できるような子ども、自分で判断ができるような子どもを育てなければならない。また、人の気持ちが理解でき、感謝の気持ちをもてる子どもを育てていくために、親がどうしたらいいかということも真剣に考えるべきだろう。

これは、いわゆる知育という範疇にはいらないものである。だから、それを育てるのは、学校の役割というよりも、親の役割ではないか。もちろん学校の教育も後押しはできるが、根本的には親がやるべきことだと思う。

そして、その際の親の役割というのは、母親だけが果たすのではなく、当然のことながら父親もやらなければならないのである。

いまこそ親の強制力を発揮したい

好きなことしかしたくないという子どもたちの態度は、学校の勉強だけでなく、家庭にあっても同じである。子どもが嫌と言えば、親は強制しないから、好きなものだけを食べる、部屋の掃除は嫌だからやらないということで通ってしまう。小さいころからやるべきことがあっても親がちゃんとやらせない、これはやらなければいけないと親が言ったとき、やらなかったら叱るというしつけをしてきていないのである。

子どもがこのおもちゃが欲しいと言ったとき、もうおもちゃは買わないと親が言っても、泣きわめけば、たいていの親は買ってしまう。子どもが後片づけをしなければならないことになっていても、「後片づけは嫌だ」と子どもが言えば、じゃあしかたがないと親がやってしまう。

子どもに本当に好きなことがあって、それをやりたいがためにそう言うのであればまだ救いもあるが、実際には、努力しなければならないこと、少しでも面倒くさかったり疲れたりするようなこと、自分の思いどおりにならないことは嫌だということなのだ。嫌だと言えばそれで通ると子どもたちが思い込んでしまったのである。

たとえば、家族みんなで見ているテレビの前を子どもが平気で立ったり横切ったりしたとき、昔であれば親が、そこに立ってはいけないとか、みんなの邪魔になるから座りなさいと言ったものだが、いまの親にそんなことは期待できようはずもない。また、子どもが親や先生に向かって乱暴な言葉を使ったときに、そういうことを親や先生に向かって言うものではないと注意しなくなった。いくら子どもが乱暴な言葉を吐いても、近ごろの親は黙っている。子どもが黙って冷蔵庫の中のものを持ち出して食べても、親は何も言わない。子どもが何でも自分勝手にできるということを、親が容認してしまっているのだ。

親が何も注意しなければ、子どもたちは、自分が他人に迷惑をかけていることに気づきようもないし、好きなことをしてもいいんだろうと考えてしまうのは当然のなりゆきである。

そしてもっと問題なのは、それを学校にまで拡大していることである。学校でも自分のやりたいことしかしなくなり、ちょっとでも人に譲ることは嫌だ、自分の欲しいものは全部自分が持つ、人に迷惑をかけてもそれにたいして何も感じない、というふうになってしまう。しかしそれでいながら、人から何か迷惑になるようなことをされると、今度はすぐに怒り、ムカつくと言ったり、カッとなったりする。このような態度を子どもがとるようになってしまったのは、一にかかって親の子どもへの日ごろの接し方が悪かったからなのである。

いまや親は、子どもにたいして、そういう意味でのしつけをまったく放棄しているような感すらある。子どもに嫌われたくないとか、子どもともめるのが嫌だからと、子どもの言うなりになっている親を見てすごしていると、子どものほうは、やりたくないと言えば何でもそれで通るのだと思うようになるのは当然のことである。それどころか、子どもがやりたくない、嫌だと意思表示する様子を見て、うちの子には独特の個性があるなどと勘違いし、先生にたいして、うちの子に何も言うなと主張する親が出てきた。

たとえば、入学式のときにみんなが整列しているのに、ひとりだけ整列していない子どもに、先生がきちんと並びなさいと言うと、親があとから、「うちの子どもは、整列なんかさせないように育てていますから、そんなよけいなことをさせないでください」と文句をつけるのだという。ちょっとでも自分が譲るようなことはしたくないという子どもが増えていけば、集団生活は成り立たなくなる。子どもが学校に行かなくても、当面、親は困らないかもしれないが、本当のところは、あとで困るのである。

最近の子どもは自分の意見を滔々《とうとう》と述べるといっても、自分の生活とは関係なしに、自分の思いつきを述べる子どもが多い。その言動を見ていると、私はどうしてもマスメディアの影響を感じてしまう。だから、子どもたちが学校へ行かない、好きなことだけをしていたいと言うとき、先生としては、親と協力して子どもを学校へ行かせるように努力することも大切だが、どうしても行きたくないと言うのなら、来なくてもいいよと言い切ることも必要なのではないか。

親のほうも、学校へ行かないのなら、好きなことだけをしていたいのなら、自分の生活は自分で支えなさいと言い渡さなくてはいけない。そうすれば子どもは、親が真剣なのだということがわかり、自分が本当にやりたいことがないかぎり、学校へ行って勉強して仕事について、本当に一人前の大人になろうと努力するようになるだろう。

7 学級崩壊はなぜ起きるのか

先生の責任

不登校の子どものなかには、いじめを受けているから学校へ行きたくない、あるいは勉強がわからない、勉強が嫌いという子どももいるが、いま圧倒的に多いのは、具体的な理由もなしになんとなく学校へ行きたくないという子どもである。

たとえば、あしたは学校へ行くと言いながら、翌朝、なんとなく布団から起きあがれない。ぐずぐずしているうちに授業開始の時間が過ぎてしまい、もう間に合わない。すると、その日は一日、家にいて時間をむだに費やし、あしたは行こうと思うのだが、翌日になると、また同じようにしてぐずぐずと布団の中にいて学校へ行かない。こうして長期欠席になってしまう。本人に理由があって行かないわけではないから、長期欠席になったときに自分でもなぜそうなったのかがわからないし、親も先生もどうやって指導をしていいかわからなくなる。

そうした子どもの多くは、明らかに家庭に問題がある場合がある。とくに親が子どものこのような行動の原因になっていると思われる場合が多い。親の干渉が多すぎたり親が頑張りすぎて、子どもが萎縮する。反対に、親が子どものご機嫌をとって、子どもを暴君にしていることもある。いずれの場合にも、祖父母も含めた家族全体の問題であり、家族全体をなんとかしなければ、子どもの生活態度はなおらないだろう。また子どものなかには、親にわざと迷惑をかけることで自分に注意を引きつけようとする子どももいる。また、親が立派すぎるように見えて、親にたいしてわざと反抗してみせる場合もある。

このように親や家族が原因で不登校になっている場合、子どもの指導だけをやっても解決にはならない。親や家族を含めて専門のセラピストによる指導が必要なわけだが、実際には、家族全員に心理分析やセラピーを受けてほしいといっても、それはなかなかできないから、簡単に解決することはできない。

もちろん、そういう場合でも、自然の経過を待つなかで、子どもの考え方が変わってきたり、親と子の考え方がすこしずつ是正されて、自然に気持ちが立ち直ったり、親が自分のやっていることを反省してちょっと変えることによって状況が改善され、あらためて子どもが学校へ行くようになることもある。学校好きというまでにはならなくても、とにかく学校に行くようになって問題が解決する場合もある。だから、そういうときにはあまり大騒ぎをしないほうがいいとも言えるのではなかろうか。

しかし、不登校という現実に接した親はふつう、実際にあるなしに関係なく、いじめを理由にあげたり、先生の態度が納得できない、勉強がつまらないのは先生のやり方に落ち度があるからだと、学校や先生を批判することが多い。

ここで考えたいのは、不登校は本当に学校の責任なのかということである。

子どもがなぜ学校へ来ないのか、先生がそれを理解しようと思ってもなかなか理解できないのは無理からぬところもある。自分が受け持っているクラスの三十五人から四十人の、一人ひとりの家族関係から親子関係まで、すべてが先生にわかっているわけではないし、また、わかる必要もないからである。

ところが、現実に理由もなく学校へ行くのは嫌だという子どもが出てきたときに、家まで行って、嫌がる子どもをなだめすかして学校へ来させ、カウンセリングルームで一対一で子どもの言うことに耳を傾け、子どものやりたいことをやらせて、つきっきりで子どもの世話をやくことが先生に期待されているようだが、そうしたことははたして必要なのだろうか。

医学的な理由で不登校になっていて、児童心理の専門家のセラピーを受けるというような場合は別として、子どもに毎朝起きて学校へ行くという習慣をつけない親や、なんとなく怠けていたり、ゴネれば嫌なことはしなくてもすむと思い込んでいる子どもたちが多い近ごろ、先生は子どもたち一人ひとりにつきっきりで面倒をみなければいけないと言い切れるのだろうか。

日本に限らずどこの国にも、学校へ行きたくないという子どもはいる。しかし、それでも学校へ行かなければいけないと教えるのは、親の責任であって、先生の責任ではない。

いまは、子どもがおもしろいと思う遊びが学校以外のところにたくさんある。それが子どもの成長にとっていいか悪いかは別にして、たとえばゲームをやっていれば知らぬまに時間がたっていく。学校の勉強よりもゲームのほうがおもしろいと感じる子どもが多いとしても不思議ではない。そうした子どもにたいして、学校のほうがゲームよりおもしろいのだと感じさせる必要があるのだろうか。

言うまでもなく、学校の勉強と家でのゲームとは別のものである。それを同じ土俵にあげて、学校をおもしろくするために、授業をゲームと同じようにおもしろくしようと言って授業をゲーム化してみたり、授業をわざわざおもしろくやることは、教育にとってけっしていいことだとは思えない。

しかし最近は、子どもたちをすかしたり、おもしろがらせたり、楽しくさせたりして、子どもに学校に来ていただく、そういうことのできる先生がいい先生であり、いい学校であると、マスメディアが喧伝し、そう思っている親も少なくない。しかし、本当にそうなのだろうか。

不登校の子どもがいるときに、よその国、たとえばイギリスでは、それを先生の責任だとは言わないのがふつうである。それは親の責任であって、先生の責任ではない。子どもが学校へ行きたくないというのと、学校へ行かない権利とか自由があるということとは別のことであって、子どもたちが行くべき学校に行かないとしたら、それをなんとかするのは親の責任なのである。

行きたくないという子どもを無理に学校に連れてくるのは、たしかに子どもによけいなプレッシャーをかけることになるかもしれないが、行きたくないというのを放っておいて、何年間でも行かなくてもいいと言うのは、明らかに親の責任の放棄である。

子どもと親が、とくに母親と子どもが一体化して、子どもに何か異変があると、それを必ず第三者、つまり学校や先生のせいにするというのは非常におかしな現象ではないかと思う。一方、先生のなかにも、子どもに学校へ来ていただいて、サービスをさせていただきますというような考え方が出はじめているが、本当にそれでいいのだろうか。それが教育というものなのだろうか。

教育というものは、先生が威張って子どもに教えるものではないというのは、そのとおりである。しかし、今年（二〇〇〇年）の日教組の研修会でしばしば出されたような、生徒・児童はお客さまであり、教師はサービス業であるという考え方がもし広まるとしたら、これは明らかにゆきすぎである。子どもを預かっている時間、ひたすらご機嫌をとって遊ばせ、子どもたちが楽しがっていればそれでいいと、もし先生自身が考えはじめているとしたら、これは大問題である。

先生がそういうふうに考えるようになった理由はいろいろあろう。

いま、学級崩壊などあまりにも多くの問題が一度に起こってきて、今後、教育がどうなっていくのか、自分たちの役割がどのようなものであるべきなのか、先生自身がわからなくなっている。若い先生だけでなく、むしろ二十年、三十年まじめにやってきたベテランの先生たちの悩みが大きい。そして、なかには、これまでやってきたことを全部否定して、まったくちがうことをやらなければならないと考える先生も出てきた。

たとえば、さまざまな困難に対処するにあたって、真正面からそれを受け止めるのではなく、やさしい方法でやろう、そのほうが気が楽だという先生が出てきた。教育なんてサービス業なのだから、生徒が喜ぶようにやりさえすればそれでいいのだと考えれば、たしかに気は楽になる。それが子どもを育てることに役立とうが立つまいが、子どもに悪い影響があろうがなかろうが、とにかくいまを楽しませておけば、それで生徒も満足、親も満足、自分たちも気が楽だ。教師も労働者なのだから、八時から四時まで、そのあいだだけ生徒を引き受けて無事に過ごせればいいのであって、それ以上に、人間を育てるなどという難しいことに頭を使うことはない、と先生が考えはじめているのである。

世の中にはさまざまな先生がいる。なかには、柔軟性のない先生、頭が固くて自分のやり方しか考えられない先生、本を読む時間をつくったら生徒が騒いでいようが何をしていようが読むことしか能のない先生、生徒の心を開くことができない先生、子どもたちの言うことを聞く態度がなく自分の意見だけを押しつける先生、子どもに話しかける方法すら知らない先生もいる。こうした先生が、いまの子どもたちにふさわしい話しかけの態度を習ったり工夫をしたりすることは、たしかに大切なことである。

とくに最近の若い先生のなかには、ひとりっ子で育ったために、子どもをどう扱ったらいいかわからない先生がいるという。そういう先生は子どもに接する態度をあらためて学ばなければならないことはたしかである。そして、小学校の一年生から六年生まで、発達の度合いが大きくちがう子どもたちに、それぞれの年齢にふさわしい教育をしていくということは大切なことである。いつも子どもたちと真っ正面からだけつきあうのではなく、ときには脇から子どもを助けたり、子どもの心を開くために少し回り道をしたりと、さまざまなやり方をしなければならない。いままで工夫が足りなすぎたという指摘は当たっている。

たとえば、いまの子どもたちは、先生が黒板のほうを向いて字を書いているとき、後ろで騒いだり、先生に物をぶつけたりするようなことがある。それをなおすために、座り方を考えることも必要になろう。子どもたちが何人か一組になって丸く囲むテーブルをつくり、先生のほうも、黒板を向いてしまうのではなく、いろいろな生徒のほうを向き、そのあいだをぐるぐるとまわり、子どもに話しかけるような教え方をするというぐあいにである。

先生の言うことを聞こうとする態度のない子どもが増えていることへの対策として、ひとつのクラスに先生が一人というこれまでのやり方を変えて、先生を二人にして、生徒たちと向かい合うというやり方が提唱されているが、これも工夫のひとつだろう。ただし、生徒はお客様、だから二人にしてそのぶんサービスをして楽しませなければいけないということではない。

最近、エデュケーションとエンタテインメントというふたつの英語を結びつけて、エデュテインメントという言葉をつくって喜んでいる人たちがいる。とくにコンピュータ・ソフト関係の人たちやインターネット関連の人たちにみられる考え方だ。この手の人たちは、教育も遊びなんだ、楽しいのがいい、気楽なのがいいと考え、つまり客イコール生徒、生徒イコール客という考え方から楽しいソフトをつくろうと、新しいビジネスをはじめている。現実に、そうしたソフトがあちこちで出回りはじめている。

生徒イコール客と考えて、客のやりたいことだけをやらせよう、ご機嫌をとっていこう、教育というのは教育の要素が含まれたエンタテインメントである、遊びなのであるというふうに、もし教育者が本当に考えるようになったとしたら、人間を育てることはできなくなると思う。

教師という仕事はサービス業だから、サービスを売って支払いを受けているのだという考え方と、人間を育てるための教育ということとは別のものである。もし先生自身が自分はサービスを売る労働者であるというふうに考えるのだったら、教育という世界から離れてほしい。先生たちに、自分たちは究極的には次の世代の人間を育てるのだという認識がないのであれば、そういう先生は、本当のサービス業、百貨店でも旅行会社でもいいから仕事をすればいいのであって、人間を育てる教育という世界で仕事をするべきではない。

幼稚園の責任、親の責任

学級崩壊は、しばしば一人の子どもが先頭に立って教室を荒らしまくるところから生じている。たしかにどの子どもも、昔にくらべれば、先生の言うことを静かに聞くということは少なくなっているが、そのなかで、とくに一人か二人の子どもが先頭に立って反抗的な行為をしたり、自己中心的な行動を起こすと、それに触発されてみんなが同じように先生の言うことを聞かなくなったり、自分勝手に物を投げたり、おしゃべりをしたり、歩きまわったりするようになることが多い。

そして、そういう子どもの親は、先にもふれたように、しばしば自分の子どもを、うちの子どもは個性的だから、みんなと同じように並ぶのが嫌なのだとか、みんなと同じように先生の話を聞くことができないのだと言い、ときとして、そういうことはさせないでくださいということまで先生に言う。

小学校一年生に学級崩壊が増えているのは、幼稚園であまりにもやりたい放題の生活をさせてきたからだと言われている。それこそが個性的な教育だと、親も幼稚園も喜んできたふしがある。そんな幼稚園で二年なり三年を過ごして小学校に入ると、小学校は幼稚園とはちがって集団行動をしたり、おとなしく先生の言うことを聞いて勉強しなければならないから、子どもにとって非常に苦痛になるのは無理もない。

もし幼稚園が好き勝手にやらせることを個性の尊重と勘違いして子どもを教育してきたのだとしたら、そのような教育を受けた子どもが、集団生活やルールを尊重する小学校に行くのを嫌がるのは当然である。

学校の役割のひとつは、集団生活のなかでルールを守ったり、社会性を備えた子どもをつくることにある。知識を授けるだけが目的ではないのである。本来なら幼稚園にもそうした目的があってしかるべきなのに、幼稚園がそういうことを教えるところではないというのなら、小学校で学級崩壊が起こるのは必然と言ってもいいだろう。

幼稚園が自由放任を基本にし、さらに幼稚園が普遍化し、小学校の前に必ず行くべき教育機関のようになってきている現在、幼稚園のあり方も根本から考え直さなければいけないだろう。

もちろん、幼稚園児という幼い子どもを、すべてにおいてルールを守らせ、社会性を備えさせるのは難しいことではあるが、しかし、幼稚園に子どもを送る理由は、家にいるとうるさいからということではないはずで、幼稚園という教育施設を通して、家では得られない集団生活に必要な知識、態度、習慣を身につけさせることにあると言っていいだろう。

そうだとすれば、幼稚園と小学校が連携して、幼稚園児といえども嫌なこともしなければならないし、みんなと一緒に楽しむ、みんなと一緒に何かをやることに慣れていかなければいけないし、自分はそんなことは聞きたくないと思っても、先生の話を聞かなければならないということを教え込む必要がある。そうした努力をしてみんなと一緒にやってみれば、これもまた楽しいことだということが発見できるはずである。

みんなが並んでいるときには自分も並ばなければいけないということを幼稚園で教え込まれていれば、小学校に入ったときに不必要な苦痛を感じずにすむはずである。もちろん、集団生活とはいっても、幼稚園は小学校とは訓練の仕方を変えて、静かに話を聞いている時間を短くするなど、さまざまな工夫をしなければいけない。

また、親のほうも、そういう問題について子どもにはっきりと話して聞かせる必要があるのではないか。もし仮に、幼稚園で好き勝手なことをしている子どもがいるとき、その親は、小学校に行ったら嫌なこともしなければならないときがあるということを、子どもにしっかり言い聞かせておく必要がある。

学校へ行きたくないのは先生の教え方が悪いからだ、先生に指導力がないからだ、先生は個性を尊重した教育をしていないなどと、すべてを先生の責任にするならば、小学校で学ぶ目的のひとつである集団生活や、嫌なこともする、社会性を身につけるなどの大事なことが、一生、身につかなくなるだろう。

親はよく、先生に指導力がない、教え方が画一的などと言うが、それならば、使い終わった紙は屑籠に入れる、呼ばれたら返事をする、先生の言うことをちゃんと聞くといったことはどうなっているのか。こうした最低限のしつけをするのは親の務めなのである。

こういうことができるようになってはじめて子どもは、小学校に来ることが許されるのである。そういうしつけをすべて先生や学校がやり、それでも学校がやることが親の気にそわないとき、あるいは子どもが嫌がるときに、それは個性的な教育を学校がやらないからだ、先生に指導力がないせいだなどと言うのであれば、小学校の教育などできなくなるだろう。

くり返すが、親は子どもが学校で生活できるような最低限のしつけ、あるいは心の準備をさせて、子どもを学校へ送りだすべきなのだ。

いま家庭で、親が子どもに話しかけている最中に、子どもがよそ見をしたり、ほかのことに気をとられたり、ひどいときにはテレビに見入ってしまうということがしばしば起こっている。そんなことが家庭のなかであたりまえになっていれば、当然、学校で先生が話をしているときに、よそ見をしていたり、聞かないでいたり、何かほかのおもしろそうなことをしていてもかまわないと子どもが思うようになるのは無理からぬことである。

だから、親が子どもに話しかけているときに子どもが聞いていなかったら、ちゃんと聞いていなさいと叱り、もし聞いていなさいと言っても聞かなければ、ちゃんと聞くまでテレビを見させないとか、ゲームをさせないとか、親が断固とした態度で子どもにしつけをする必要があるのである。そうしたしつけを受けていない子どもが三十人も四十人もひとつのクラスに集まれば、学級崩壊と呼ぼうと何と呼ぼうとかまわないが、ひとつのクラスがクラスとしてまとまらないのは当然である。

先生や親や大人が話しかけているときは、それをちゃんと聞く。そのあとで、自分の意見を言ってもいい、許可されたら意見を言うというのは、学校生活の基本的なルールであって、それは、学校へ入る前に親が教えておくべきことなのである。家で子どもにそうしたしつけをしないで、好き勝手にさせることが個性的なのだとか、面倒くさいから注意をしないでおこうと親が思っていれば、子どもは学校生活を嫌ったり、なじまなくなる。

そういう子どもが集まったところで、一人の子どもが大騒ぎをすれば、ほかの子どももみなそれに同調し、学級崩壊へと進んでいく。あげくのはてに、自分の好きなことができないから学校へ行くのが嫌だということになるとしたら、それは明らかに親の責任である。先生がそういう親や子どもに頭を下げて、ぜひ学校へ来てくださいという理由はないのである。

そういう子どもがいるときには、学校へ来ないでください、教室へ来てもらう必要はありません、そういう子どもがいるとクラス全体が荒れて授業ができなくなるから来ないでくださいと、先生や学校ははっきりと親に言うべきではなかろうか。

クラスには、問題児ではない何十人かのふつうの生徒が来ているのであるから、先生や学校は、そういう子どもたちを教えたり指導したりする義務と責任がある。学校で勉強をしたくない、学校へ行きたくないという子ども一人ひとりをすべて引き受けるような時間も余地も先生や学校にはないはずである。

一人の子のために四十人の生徒のうちの三十九人を犠牲にしてでも尽くすというのは、宗教的な考え方、あるいは医者の考え方である。学校や先生の本来の義務、やるべきことは、三十人なり四十人がいるクラス全体を見ることであって、一人ひとりの要望や行為のすべてに先生が対処しろというのは、ないものねだりなのである。

学校教育は、学校全体が、あるいはすべての先生がカウンセラーになるということとはちがうはずである。学校教育や先生の仕事と、カウンセラーの仕事とは別であるはずだし、学校教育と医者の仕事も別であるはずである。

最近、テレビを見ても、雑誌を見ても、他人のつくった料理を食べて、あれこれと批評するのが大人の大きな楽しみのように見える。学校でも、わが子のしつけをきちんとしていない親までが、学校や先生を批評して、先生が悪い、学校のあそこが気にくわない、あれがおかしいと言うにいたっては、無責任のそしりをまぬがれない。

先生や学校は、子どもたちが集団で勉強するという、義務教育を引き受けているのであり、義務教育を子どもたちに授けるのには最低限の守るべきルールがある。それを親に示して、もしそれが守れない子どもの親には、子どもを学校へ来させないでくれと言ってもいいはずである。

自分の子どものしつけをしていなくて、その子が学級崩壊の先頭に立つような行為をして、学校から登校を拒否された場合には、親はあらためて子どもにしつけをしなおす必要がある。もし、いま学校がやっている教育が自分の子どもの才能に合わないというのなら、親が責任をもって子どもに教育をすべきである。さらに、親が子どもをしつけなおし、学校が要求する最低限のルールや条件に従うことができるようになったときには、子どもをふたたび学校へやるといい。

親が最低限のこともしないで、すべて先生の責任、学校の責任、学校がやらないから悪いのだという主張はもう通用しないというふうに、世間一般が考えるようになってもいいころではないか。なぜこれまで、親のしつけ、親の責任ということについて、ほとんどの人が口をふさいで、すべてを学校や先生の責任にしてきたのだろうか。なぜ先生は、何を言われてもすべてを引き受けなければならない存在で、先生がノーと言ってはいけないというふうに考えられてきたのだろうか。

その原因のひとつは、先生自身がそのように思い込み、それは親の責任だとなぜ言わないのですかと問うと、いやそんなことを言ったら親に嫌われる、PTAに叱られると言って卑屈になり、自分たちのやるべきことと、やらなくてもいいこととを、先生自身がはっきり自覚してこなかったことにあるのではないか。

学級崩壊についてPTA全国協議会がアンケートをとった結果の報告によると、PTA会長の六割が家庭の教育力が低下していることを学級崩壊の原因としてあげている。昨年（一九九九年）、文部省の委嘱をうけて国立教育研究所がおこなった調査の中間報告では、逆に、教師の指導力不足を主因とするものが七割を占めている。不登校やいじめ、学級崩壊が文部省や教育委員会が考えているような——いまはさすがにそんな片寄った見方は影をひそめたようだが——「例外現象」でないことは誰もが認めている。今回のPTA協議会で出された結論——家庭に問題があるというのは、「問題家庭」

の子どもが不登校になるというのではなく、ふつうの家庭、大多数の家庭での「家庭教育」がきちんとなされていないから、不登校や学級崩壊は誰にでも、どこにでも起こり得るということなのである。つまり、学校と家庭という教育を支える両輪のひとつが働いていないということである。

教師の指導力の問題や学校運営の問題もあるが、やはりこれまでの「教師任せ」の教育が間違っていたと考えるべきである。学力に関しては圧倒的に学校や教師に責任があるが、子どもの生活態度や行動については親、すなわち家庭に責任があると考えるのが当然だろう。

さらに、義務教育に親も社会も何を望むのかを考えてみる必要がある。親がしつけをしないで放任している子ども、親に無視されたり抑圧されている子どもを親に代わってなだめすかし、遊ばせ、「荒れた家庭」から「心温まる教室」へ救ってやるのが義務教育の目的なのか、親も教師も、そしてとくに文部省があらためて考えるべきではないか。さもなければ、教育学者や児童心理学者が学校は子どものカウンセラーであるべしと言っているあいだに、ゆとりの教育、遊びの教育はそのまま学力低下につながり、その影響は高等教育、そして社会へとただちに広がっていくだろう。

教師の再教育

やらなくてもいいことまで学校が引き受けて、何もかも先生や学校の責任であると考えるようになったのはなぜだろう。忙しいから、面倒だから、うるさいから、子どもに嫌われたくないからしつけをしないという無責任な親の分まで仕事を引き受けてしまっているのはなぜだろう。子どもの心をみつめて、それにかなったしつけをするのは親にしかできないことだ、親の役目だと言えないのはなぜだろう。それは学校行政の問題に関係しているように思える。

現場の先生たちは、何か言いたくても、うっかりものを言ったら、校長や教育委員会から文句がくると思っており、校長のほうは学校教育という行政のなかの中間管理職として、できるだけ学校で事を起こしたくないと思っている。だから、あの学校は親を拒否したとか、生徒を拒否したとか言われて問題を起こされたくないという気持ちが強すぎるのではないか。

校長になる人のほとんどが五十代、とくに五十代の半ばということになると、定年まで何年もない。だから、学校を変えたり改革したりするよりも、あるがままに無難に過ごし、円満に退職したいと思う気持ちはわかるが、しかし、それは大きな間違いである。校長は行政職であっても、教育の現場では、先生の味方に立って思い切った改革をやったらどうなのだろう。

校長が四十代、三十代であるのがふつうという国も多いのだが、日本ももしそうであれば、思い切ったことをやって、それがうまくいかなくても、そのあとでもう一度、その経験から学んでやりなおすということもできるが、五十代後半の校長がふつうである日本の場合にはそれができない。たいていの校長は事なかれ主義になってしまい、親や教育委員会の言うことを、できないことまで全部引き受けて、何かあると学校が悪いんです、学校は反省していますと言い、事の本質を隠してしまうから、よけい事態が悪くなるのだと言われている。

現場の先生が非難されたり批判されたりしたとき、校長がこういうことはできないのが当然であると言って現場の先生を支えるようになれば、先生たちはもう少し元気になるのではなかろうか。しかし、いま何かを言うと、親から批判されるだけでなく、校長からも批判されるということで、両者の板ばさみになって何も言えなくなっている先生が多いような気がする。

現場の先生が、親から無理難題を言われたとき、先生を支えるのは校長のはずである。そして学校全体が、もう一度親と一緒になって教育というものを考えなおし、学校がやるべきことと親がやるべきこととをはっきりさせて、親がやるべきことをやらなかった場合には、学校側が親に、これとこれをやりなさいと言うようにならなければ、学校教育はいつまでたってもよくならないだろう。

校長の問題と並んで、先生についても再考することが必要である。それは、先生の育成方法がいまのままでいいのかという問題である。学級崩壊の原因が全面的に先生の指導力不足にあるとは言わないにしても、いまのままで先生に生徒・児童を指導する力が十分にあるとは思えない。先生の資質と資格についてあらためて検討するべきではないか。

戦後の教育改革のなかで、かつての師範学校を廃止して、どこの大学でも教員養成課程（教職課程）を修了し、教員免許試験にパスすれば、誰でも先生になれることになった。つまり、はじめから先生になろうと願って、先生養成の学校に入るのではなく、なるべくなら会社に就職したいけれど、万が一のときのために教職課程をとっておいて、先生に「でも」なろうという人がいて、そういう人でも簡単に先生になれるのである。先生になろうという熱望や、先生としての適性を抜きにして、教職課程と短期の実習とで先生になれるとしたら、現在のような社会変動と、子どもの生活態度の大きな変化のなかで、それに対応できない先生が出てくるのはあたりまえである。

むやみに生徒を抑えつけようとする先生がいるかと思うと、子どもにちょっとでも逆らわれると、どうしていいかわからなくなってしまう先生、子どもの笑いものになっていることも知らずにご機嫌とりをする先生など、話題になる先生にこと欠かない。

こんな状況にあっては、根本的に先生の育成方法を見直すことが必要になる。先生育成のための四年制の専門学校が必要かどうかはさておいて、先生になるためには四年制のふつうの大学を出たあとで少なくとも一年間くらいの「先生としての訓練」を受けることが必要ではなかろうか。

教員採用試験も、難しい、ひねくれた、役に立つかどうかわからない筆記試験だけでなく、実際に授業をやらせてみるなど、知識以外の人間性、人とのつきあい方、子ども好きか否かなどをチェックする必要があるのではないか。さらに、適性、不適性を自分自身で知るために、先生になってからも半年か一年間はテスト期間にするなど、いい先生を養成するためにいろいろな工夫がなされるべきである。

性格的に先生に向いていると思われる人でも、現在の教員採用試験の、高倍率の知識テストのために、何回試験を受けてもパスできず、正式の教員になれない人も多いと聞く。

核家族のなかで育って、兄弟姉妹にもまれたり、弟妹の面倒をみたこともない若い人や、部屋にこもって勉強だけしていて、成績はいいが人づきあいができない人が先生になるとしたら、問題のある子どもに対処できないのは当然だろう。先生の資格として、何種類かのボランタリー活動を加えるのもいいだろう。中学の英語の先生の場合には、英語を話す国で半年か一年間を過ごすことを資格のひとつにするのは当然のことである。暗記ものだけで教員免許の試験にパスできるというほうがおかしいのである。

現在の教育現場の事態に対処するために、社会人の教員登用を容易にして、さまざまな経験を積んだ、人間的に修練された人を先生にしようというのは結構なことだが、同時に優秀な若い人が先生になれるように育成方法を工夫し、先生の職を魅力あるものにしなければならない。社会人を先生として受け入れることが、定年退職者の再就職に安易に、便宜的に結びつけられることがあってはならない。

8　いつまでも子どもでいたい大人たち

あるときは大人、あるときは子ども

いまの日本には、いつまでも子どもでいたいという大人が大勢いるらしい。子どもの楽しさ、子ども時代の無責任さを謳歌するのが日本ではあたりまえのことになっている。大人になっても、子どもと同じようにしていたい、それで何が悪いんだとひらきなおる大人もたくさんいる。

しかし、子どもは必ず大人になるわけだし、ならなければいけないものである。子どもという時代

を経て、国によってちがうが、ふつう十六歳ぐらいから二十歳までのあいだに大人として認められるようになる。大人になるということは、本人の責任で何をしてもいい、たばこを吸うのもお酒を飲むのもいいし、車の運転をしてもいい、そして選挙権も行使できる、ということである。しかし、そういう大人の行為はしたくない、たばこを吸うのも、お酒を飲むのも、車の運転をするのも、投票するのも、そんなのは嫌だから、何もしないで子どものままでいたいという人はあまり聞かない。

多くの人たちが思っていることは、大人の自由や権利は楽しみたいが、それにともなう責任はとりたくないということである。つまり、本当に子どもでいたいわけではなくて、大人の権利も自由も欲しいが、それにともなう義務と責任だけはごめんだ、それは誰かほかの人にやってもらいたいというのが、大人になっても子どもでいたいという人の本音だろう。

大人になっても親に依存し、自分は無責任でいたい、経済的にも精神的にも親にすべてを任せて、自分で決定したり判断をするのを嫌い、親にしてもらったほうが楽だという人が、とくに女性に増えている。第一章でも述べたことだが、親のほうも、うちの子はいつまでも子どもで困りますと言いながら、じつは子どもを保護することに無上の喜びを感じている人が多い。

男性のなかにも、自分のしたいことはするが、嫌なことや面倒なことは全部、親任せにしたいという若い男性も多い。親もまた、それを平気で受け入れている。

これまでの右肩上がりの日本経済のもとでは、親が子どもの面倒をいつまでもみるということが可能であったが、これからは、親が子どもに、自分の足で立ちなさいと言わなければならない時代が来ると思う。

こんな成人式ならやめてしまいたい

成人式というのは、社会が若い人に、あなたは今日からは大人ですよ、その覚悟でやりなさいと知らせるものである。また、親にたいして、これまで育ててくれてありがとうと言い、社会にたいしては、これで大人になりました、今後は自分たちも責任をもって社会のために尽くしていきますと挨拶をするべき式なのに、ありがとうと言うどころか、酒をがぶ飲みして暴れたり、騒いだり、目にあまる行為をする新成人がやたらと多い。行政側もなかばそれを黙認し、若い人たちにおもねって式をやるところが多くなったような印象を強く受ける。

これでは、これからはいくらでも好き勝手なことをやっていいんですよ、嫌なことは何にもしなくてもいいんですよと若い人たちに教えているようなものではないか。

成人式でお酒を飲んで暴れたり、人の話を聞かないで自分勝手なことをしたりするような若い人たちを認めてしまったら、成人というのはそういうことをしてもいいものだと若い人たちが錯覚してもしかたがない。

県や市のなかには若者におもねり、好かれようと思って、遊園地で成人式をやり、ただで遊ばせてやろうというところが出てきたというが、役人の頭がおかしくなってしまったとしか思えない。税金をどぶに捨てたほうが害がないだけまだましである。もし新成人が大人として望ましくない行為をしたら、彼らから大人であるという資格を取りあげてしまい、今後二年間、反省するまで大人にしてやらないという方法でも講じてみたら、と言いたくなる昨今の成人式である。

そんな成人式はやめてしまい、新しく成人になった人たちが大人になる決意を示すために、一日街路の掃除をしたり、老人ホームの慰問をしたりするなどのボランタリー活動をして、こういうことで大人になるのだなと自分たちで実感できるようなものにしたらどうだろう。あるいは、大人にたいして、これからはこういうことをして社会のために尽くしますと宣言するような式にしたらどうだろう。

いまの成人式は、これまで自分勝手なことをやり、規則やルールを守らず、親に依存してきた子どもたちが、大人になってもなおそれをつづけていけるような、そんなことを象徴する式になった感がある。

評論家のなかには、ものわかりのよさそうな顔をして、大人になるとこれから大変なんだから、せめて成人式ではハメをはずしても許してやっていいではないかと言う人もいる。とんでもない話である。昔の元服の式をみよ。

成人式は大人になったのだからまじめにやります、大人になるということは大変なことだということを自分たちもよくわかっていますということを社会に向かって示すのが本来のかたちだろう。一九六〇年代くらいまでは、そういう成人式がおこなわれていたのである。

第三章

しつけなんてもう必要ないのか

9　しつけを軽んじる親たち

常識が働かなくなった

しつけというものは、ほとんどが常識によってなされるものである。専門家が考えた特別に大事なことだとか、特別な哲学ではなく、誰もがみな、その点では一致するということがしつけである。うそをついてはいけない、人に迷惑をかけてはいけない、人の邪魔をしてはいけない、弱者に親切にしなければいけないといったことは、専門家がいちいち理屈を説明したり、その根本を分析するたぐいのことではない。

ところが最近、常識というものの力がどんどん減っていく傾向にあるように思う。常識があれば当然わかることでも、常識がないためにわからない。そこへ、セラピストや心理分析などの専門家が登場して、もっともらしい分析をしてみせる。すると、一般の人は、専門家が言うのだからそのとおりなのだろうと受け入れて、専門家に傾斜していく。このようにして、いちばん大切な、常識があればわかるはずのものが無視されてしまうという傾向がつくられているのである。

たとえば、子どもの不登校の理由にしても、セラピストの分析を待つまでもなく、常識というふるいにかければ、子どもが学校に行くのが嫌だというのは、家にいるとぐずぐずしていられるからだ、怠けていても誰も怒らないからだとわかるはずである。セラピストが、この子には小さいときにトラウマがあったとか、そのときの親の態度が悪かったからだなどと言う必要はないことが多いのである。

では、学校に行きたくない、家で好きなことをしていたいという子どもにどう対処したらいいのだろうか。親がきちんとした、はっきりとした態度をとることに尽きる。これもまた常識であるが、いまはこれがなかなか難しい。先にもふれたように、家にいてぶらぶらしていることが許されないという状況をつくれば、子どもは家で手伝いをしたり外で働いたりするより、学校へ行って勉強をしたほうが楽しいということがわかってくるはずなのだが（これが常識的な解決法である）、カウンセラーやセラピストなどに解決策を求めるという専門家頼りがあまりに多すぎる。

この専門家頼りの傾向は、しつけ以外のことにおいてもみられる。たとえば、子どもが病気のときに、親の手にあまり、専門家にすぐに診てもらわなければならない場合があるのはたしかである。しかし、風邪をひいた程度なら、家で寝かせておく、咳が出るのなら喉にいいものを食べさせて外へ出さない、お腹にいいものを食べさせて家で温かくしているというように、親がしてやれることはいくらでもある。これは、気軽にお医者さんに行けなかった時代の人なら誰もが知っている常識である。ところが、子どもがちょっと咳をしたり鼻水をたらしただけですぐお医者さんへ連れて行き、薬をごっそりもらって安心する。それでいて、子どもが具合が悪そうにしていても気づかなかったりする。

病気の場合だけでなく、心理的な不健康さやゆがみに直面したときにも、親に常識があり、その常識というものが生きていくうえでいちばん大切なものだということがわかっていれば、もっと簡単に解決できることがたくさんあるはずである。

しつけは先進国のなかで最低

しつけなどいまの日本ではやりませんよとか、しつけなんて民主主義に反するものなのではありませんか、と雑誌のインタビューで訊かれたことが何度もある。また、講演を聞きにきてくれたお母さんから、「マークスさんの言うしつけは昔のしつけでしょう。いまのしつけはコンピュータやインターネットをおぼえさせることじゃありませんか」と言われたこともある。

しかし私の考えでは、しつけというのは十年ごとに流行で変わるようなものではない。しつけは情報や知識ではなくて、いつの時代にも人間として大切な道徳、倫理を教えるものである。しつけを受けた人間こそ民主主義を支えていけるのであって、しつけも、道徳も、社会のルールもわきまえない自分勝手な人間には、いかにコンピュータができようと、金儲けが上手であろうと、民主主義を委ねることはできない。

今年（二〇〇〇年）の二月初めに、文部省がおこなった小学生の生活実態の国際比較調査の結果が発表されたが、その新聞報道をみると、日本、韓国、アメリカ、イギリス、ドイツの五カ国のなかで、日本は親から生活面で注意をされることが最も少なく、手伝いもしないとなっている。また、社会のルールや道徳についての親のしつけも五カ国中最低だった。

たとえば、「うそをつかないように」と諭す父親については、たったの一一パーセント（たまに言う父親が一八パーセント）、親に一度も言われたことがない子どもが七一パーセントもいた。それにたいして、イギリスとアメリカでは、諭す父親がともに七八パーセントである。「弱いものいじめをしないように」と諭す父親も、イギリスで三四パーセント、日本は最低で九パーセント。「友だちと仲よくしなさい」も、日本では父親の八一パーセント、母親の七〇パーセントが一度も言ったことがない。その他、「先生の言うことをよく聞きなさい」「体の不自由な人や年寄りの手助けをしなさい」など、ほとんどの質問項目で日本は最低だった。家庭での手伝いについても日本は最低であり、また、近所の人から一度も叱られたことのない子どもが六〇パーセントもいた。

この調査結果は、いまさら驚くにはあたらない。ここにみられるような、親の子どもへのかかわりのなさ、しつけのなさ、地域の人たちの無関心ぶりが積もり積もって、現在問題になっている学級崩壊、いじめ、不登校など、さまざまな問題となっているのは言うまでもない。親や近所の人に叱られたことのない子どもが大人になって、大学や職場で、先生や上司に叱られたり注意されると「深く傷ついた」り、セラピーが必要になったりするのである。

児童心理の専門家やセラピストのなかには、親がしつけをするのが子どもに悪い影響を与えると言う人がいる。たとえば、しつけは、しばしば親による子どもの虐待につながるというのだ。いま増えつつある児童虐待には二種類あって、ひとつは放置（ネグレクト）であり、もうひとつは肉体的、精神的な暴力行為である。親が子どもに厳しいしつけをしようとして暴力的になる場合が往々にあるとして、セラピストはさまざまな例をあげている。セラピストや児童心理の専門家の主張は、間違っているとは言わないが、しかし、ふつうの親に勘違いをさせる原因になっていることはたしかである。暴力的になる親というのは、しつけを口実にして子どもを支配しようとし、思いどおりにするために暴力を振るっているだけなのである。そういう親は、自分自身がしつけを受けていない場合が多いし、なかには、自分自身が暴力行為を受けていることもあるという。

しつけには忍耐力がいる

子どもにしつけをするためには、親であれ、祖父母であれ、先生であれ、しつける側も忍耐かつ決断力をもって子どもに対さなければならない。教える側がヒステリーを起こしてしまったのでは、しつけにならないことは言うまでもない。

子どものしつけは幼児のころから十五、六歳ころまでにおこなうものと考えれば、教えるべき基本がいくつかあるはずである。仮に、その基本が十項目あるとしよう。その十項目のしつけを、十五歳を過ぎて十六歳になるまでの一年間で教えようとしても、それは何の効果もない。しつけというのは、子どもの成長段階に応じてなされるべきものだからである。二歳までに三つを、六歳までに次の二つを、八歳のころにはさらに次の一つを、七〜九項目は十二歳までに、そして、最後の一項目は十六歳で教えるというように、年齢に応じて教え方を変えていく。あるいは、子どもの成長を見ながら教え方や教える内容を変えていく、その方法も変えていくというのがしつけの正しいやり方ではないかと思う。たとえば兄弟でも、兄の場合は二歳で二項目を教えることができたが、弟は三歳までひとつも教えられなかったということも起こり得る。だから、子どもの成長を無視してマニュアル的にしつけを教えようとしても、そのとおりにはいかない場合もあるので、そのためにヒステリーを起こしたり、暴力におよぶ親が出てくるのである。

ただし、ひとつだけたしかなことは、幼いときに体を通して教えられたほうが、しつけは効果があるということである。体を通して教えられるといっても、暴力を用いて教えるということではない。言葉で言って聞かせるだけでなく、親がやって見せる、何度も何度も子どもにくり返しやらせるということである。また、間違いをする子どもには、ある程度の体罰はやむを得ないと思うが、その場合にも、体を叩いたりつねったりするのでなく、たとえば、おやつをやらない、早く寝かせるなどの方法もあるのである。こうした体罰は大いに活用していいはずである。

いずれにしても、体罰を与えるときには、教える側がヒステリーを起こしたり、ましてや自分の好みでやってはいけない。あくまでも冷静に、体罰がその子どもに効果があるかどうかをきちんと見極めたうえでやらなければいけない。しつけというのは非常に忍耐力のいる仕事なのである。

うそをついてはいけないというのは大切な教えのひとつである。しかし、子どもが何回もうそをつくとしたら、その子どもなりの理由があるのかもしれない。もしそうだとしたら、その理由をはっきりさせなければならないが、それと並行して、うそをつくなと子どもに教えたら、親も絶対にうそをつかないことが大切である。

もちろん、世の中にはうそをつかなければならない場面もあるが、その場合でも、子どもの前ではうそはつかない、あるいは、うそをついた場合になぜうそをつかなければならなかったかを説明することが必要である。また、うそをついてはいけないということを承知でうそをつかなければならないときもある。その場合にも、うそをついたことで自分の胸が痛み、良心が苦しむのだということを子どもに教えるべきである。うそをついて平気でいるのと、うそをついたことを少なくとも悪いことだと思うのとでは大ちがいである。

最近、うそをついても平気でいる子どもがあまりにも多い。これは、うそをついたことを悪いことだとは思わない人間が子どもをしつけたからではなかろうか。

しつけは親のいちばんの大仕事

子どもが大人になるために、社会で一人前の人間として役に立つような人間になるために大切なことは何か、という観点からしつけを考えなおしてみる必要があるだろう。

大人になるために大切なことといっても、金儲けの仕方などはしつけの範疇に入らないのは言うまでもない。そうではなくて、生き物を殺さない、いじめない、他人を尊敬する、弱い人をいたわるなど、生命にかかわること、身勝手を慎しみ集団のルールに従うこと、物を粗末にしない、質素を尊ぶといった社会の道徳にかかわることなどである。

こうしたしつけは、学校で先生が教えるよりも、第一に親の責任でやるべきものである。小さいときから教えなければ、子どもの頭の中で言葉としては理解されても、身につかないからである。物を大切にするというルールは知っていても、実際には自分の物を大切にしなかったり、うそをついてはいけないというルールは知っていても、必要に応じてうそをつき、それを得意に思うような子どもが多くできてしまっては、しつけは失敗である。

もちろん、しつけをするには、臨機応変に臨まなければならない。子どもによっては、はじめから終わりまで厳しく言うよりも、放っておいて、親が子どもに注意を払い、子ども自身が自覚するようにもっていくほうが効果的な場合もある。たとえば、カンニングをするたびに注意するよりも、カンニングをしたことで自分自身に嫌悪感を感じるようにもっていくほうがいい子どももいるし、カンニングをして自分が利口だと思うような子どもには、カンニングをするたびに注意したほうが効果があるということもある。つまり、しつけのやり方は子どもによって異なる面があるので、一対一で対することのできる親がおこなうほうがいいのである。学校の先生がクラスの三十人、四十人の生徒一人ひとりにきめこまかく対応するのは不可能なことだし、そもそも先生は全体の教育を監督するのが第一の仕事なのであるから。

最近、子どもが道に紙を捨てたり、ごみを捨てたりして困るとか、大学生になっても、ちり紙のポイ捨てが校庭や教室でまでおこなわれていると指摘され、それは親が子どもをしつけないからだと言われている。そういう子どもの家では、たぶん子どもは、家の中で鼻をかんだあとのちり紙をそこいらに捨てて平気でいるのだと思う。

これにたいして、いちいち子どもに、また紙を捨てたわね、拾いなさい、紙屑籠に入れなさいと口うるさく言っていると、子どもは「はい」と言いながら実際にはやらなかったり、場合によっては親への反抗心が高まり、あとになって人の言うことを聞かない子どもになってしまうと主張する心理学者もいる。

たしかにそういう面もあるだろう。だから、しつけを効果的にやるにはどうしたらいいかを、親はわきまえておかなければならない。ただし、ひとつだけたしかなことは、子どもがちり紙を畳の上に捨てたとき、親がいちいち拾ってやっていたのでは、子どもはそれがいけないことだとは理解しないということである。

ふつうは、ちり紙を捨てたら、その場ですぐに、ちり紙をちゃんと屑籠に入れなさいと言うのがいちばん効果がある。反対にいちばんまずいのは、親が黙って拾っておいて、あとから文句を言うというやり方である。もちろん、その場で注意する場合でも、ガミガミ言うか、静かに注意するかなど、親のやり方しだいでしつけの効果は変わってくる。それこそマニュアルではできないことなのである。

簡単に言ってしまえば、しつけを受けていない子どもは、訓練を受けていないペットと同じである。しつけや訓練を受けていない犬は、はじめのうちは、いたずらをするのも、家じゅうを駆けまわるのも、とても可愛い。だから、飼い主は往々にして、可愛い可愛いと言って幼犬のときにしつけや訓練を怠ってしまう。ところが、成犬になってからでは訓練やしつけは難しいから、この時期になって無理にしつけようとすると、飼い主に嚙みついたり、近所に迷惑をかけたりするようになる。ひどい場合には、これ以上飼っておけないということになって、処分しなければならなくなる。

子どもにも同じことが言える。こんなに可愛い子どもを厳しく叱るのはかわいそうだと言う親が多いし、子どものことだから何をしてもいいじゃないかと言って放っておく親もいる。しかし、しつけには時期というものがある。しかも、人間の場合には、小さいときにしつけをしなかったことで問題が起きたとしても、処分するわけにはいかない。その場合、どうなるか。

社会が引き受ける以外になくなってくる。親の身勝手、親の怠慢によってつくり出されたしつけのされていない子どもを、社会が迷惑を承知で受け入れる以外にないのである。そういう子どもが、いまはあまりにも多い。

親はというと、子どもにしつけをしなかったことを棚に上げて、ほかの人に責任をなすりつけようとする。いわく、先生が悪い、学校が悪い、社会が悪い、と。あるいは、子どもに合った仕事がない、子どもに適する結婚相手がいないと言って人のせいにしたがるのである。にもかかわらず、しつけをされていない他人の子どもにたいしては、批判をしたり、文句を言う親が非常に増えている。親であれば誰もが、子どもを一人前にするためにはしつけが必要なことを認識し、子どもを育てる際の親のいちばんの大仕事はしつけにあると肝に銘じるべきである。

しつけのできている人は身のこなしが美しい

イギリスの場合には、親は自分が子どものときにしつけられたとおりに、自分の子どもをしつけるというのがふつうである。しかし、日本のように価値観が急速に変化し、古いものはすべていけないと考えるような極端な社会では、自分が受けた古いしつけとまったく同じように子どもをしつけることは、なかなかできないかもしれない。

それより問題なのは、親自身がしつけを受けないで育った場合には、どうやって自分の子どもをしつけたらいいかがわからないということがしばしば起こることである。そうした場合に、マニュアルや専門家の指導がまったく無意味だとは言わないが、やはりしつけは親自身が臨機応変におこなうものだという原則に立って、あくまでも自分で考えてみることが必要なのではなかろうか。いずれにしても、しつけを受けなかった親が子どもをどのようにしつけていくかということは、非常に大きな問題であり、これについてもっと議論がなされるべきである。

イギリスでよく見かける男性が女性に親切にするとか、子どもが老人をいたわるとか、体の弱い人たちをみんながいたわっていくといったことは、宗教的ないたわりの気持ちであると同時に、小さいときからのしつけのなせる業《わざ》なのである。

子どもたちは、弱いものをいじめていいですかと訊かれれば、当然、いじめてはいけませんと答えるだろう。病気の人をいたわるべきですかと訊かれれば、みんながいたわるべきだと答えるだろう。老人が立っているときに席を譲るべきですかと訊かれれば、席を譲るべきだと答えると思う。

しかし、それが実際にできるかできないかは、まったく別の問題である。頭でわかっていても行動で示されなければ何の意味もない。わかっているのだからそれでいいということにならないのが、しつけの大事なところであり、難しいところである。

ところで、子どものときにしつけを受けている人間は身のこなしが非常に美しい、と思うのは私だけだろうか。人に親切にしたいと思っても、体の弱い人にたいして何かいたわりの気持ちを持っていても、それが自然に表現できなかったり、あるいは、あまりに不器用なかたちでおこなわれるために人から受け入れられないとしたら、場合によっては社会的にマイナスになることもある。

最近、こんな光景を見かけた。

子ども連れの女性が電車の中で立っていて、席に座っていた男性がその女性に席を譲ろうとした。それ自体は大変結構なことなのだが、その女性は次の駅で降りますからと言って断った。するとその男性は、おれが席を譲ると言ったのだから座れと、その女性に執拗に強制しつづけたのである。

席を譲るという善意の行為をしようとしたのに、それが拒否されたため、その男性はカッとなったのだと思う。しかし、善意というものは強制するべきものではないし、女の人がありがとう、でも座りたくないのですと言ったら、それを当然のこととして受け入れなければいけない。また、そういうことが一回でもあると、二度と人に席なんか譲るものかと考える人たちも多くいるようである。子どものときに席を譲るということがしつけられていれば、スマートな振る舞いができるのだが、あとになってから頭で理解した場合には、身のこなしが美しいということにはならない場合が多い。

また、子どもは席に座らない、よほどの長時間でなければ席に座るべきではないと親がしつけておけば、座りたい座りたいと言って電車の中で泣き叫んだり暴れたりすることもないし、大人になったとき、自然に体が反応してスマートに席を譲れるようになるだろう。

マナーを軽くみる日本の社会

子どもが小さいときに親がきちんとしつけを教えておけば、一生役に立つ、なによりも貴重な財産になると私は思うのだが、それがいまの日本ではいちばん欠けているような気がする。

自分の受けた教育、あるいは、自分が社会の中で占めている社会的な重要性というようなこととは関係なしに、人間が人間であることの証のひとつは、いかにきちんと振る舞うか、いかにマナーよく振る舞うかということだろう。このことがイギリスでは非常に大切に考えられていて、自分の子どもを身の振る舞いのきれいな、マナーを守る人間に育てることが、どの階級においても必ず守られているし、守らなければいけないことと認識されている。

貴族には貴族のマナーがある、労働者には労働者のマナーがあるというのではなく、貴族にも労働者にも中流階級の人にも、すべてに通じるマナーというものがあると人びとは考えている。大学の先生であっても、失業者であっても、当然、そのマナーは守らなければいけないものであり、それが人間というものであると、何の疑いもなくみんなが信じ込んでいる。自分もそう信じているし、親も信じてきたし、曾祖父も信じてきた、自分の子どももそういうふうになってほしいと思っている。

ここでいうマナーとは、ナイフとフォークをどう使うかとか、スープを飲むときに音を立てないようにするといった、いわゆる礼儀作法とはちがう。人をいたわる、人に親切にする、みんなが生きやすいように互いにできるだけ協力するという意味でのマナーである。

日本で不思議に思うのは、大学の先生、知識人、地位の高い人たち、政治家、官僚、経営者、社会で重きをなしている人たちのマナーがひどく悪いことである。しかもそういう人たちは、自分たちは重要な人間だから、マナーが悪くてもいいと考えているように思えてならない。

なぜ日本はこんなふうになってしまったのか。敗戦によって自分たちの文化を否定されたことなど、理由はさまざまあるのだろうが、知識人や指導層の人が、戦後の日本でマナーなどというものは要らないものだ、たいしたことではないと言い、マスメディアがそれに乗ったことが最大の理由ではないかと思う。

敗戦直後はたしかに食べていくことに一生懸命で、マナーにまで気がまわらなかったということもあろう。しかしその後になって、マナーをどうこう言うような人間はたいした人物ではない、重要な問題の場合にはマナーなど考えていられないという考え方が登場し、それがすすんで、人をだまそうが蹴飛ばそうが勝ちさえすればそれでいいのだというところまでいってしまったのではないかと思う。

マナーは相手にたいする心のケア

私がイギリスの大学でいちばん感心するのは、とくに日本にしばらく滞在してからイギリスへ帰ったあとで大学を訪ねたときに感心するのは、先生たちはもちろん、学生のマナーが本当にいいことである。

みんながみんなパブリックスクールの生徒のようにお行儀がいいとか、着ているものがきれいなわけではない。私が働いていたような国立大学の学生は、着ているものは日本の学生にくらべればずっと質素だし、なかには穴のあいたセーターやジーパンを着ている学生もいる。髪の毛もとくにきれいというわけではない。さらに、教室の中できちんと座っているとか、立ったときに「気をつけ」の姿勢をとるということでもない。

見かけはさえない学生ではあるが、女性の先生が重いドアを開けようとするときには、彼らが必ず開けてくれる。必ず手を貸してくれる若い男の学生がいるおかげで、私もたいていは、自分で重くて大きな教室のドアを開けなくてすんだ。

もちろん、彼らは私が誰なのかを知っていてやるわけではない。女の先生を見れば、あるいは男の先生でも、力のなさそうな、ドアを開けたてするのに不自由そうな人を見れば必ずそうするのである。

教師も例外ではない。正教授や学長であっても、女の先生、ときには女子学生にでもドアを開けて先に行かせる。こうしたささやかな心遣いが、いかに自分たちの生活を楽しくしているか、あるいは生きやすくしているか。これは実際にそういう場面にめぐりあった人なら必ず感じることである。

マナーというのは、いまあげた例のように、ドアを開けるという行為だけでなく、その根底にある、人にたいするケア、心遣いを感じることで心に残っていくものなのだと思う。

人のためにドアを開けることに力を惜しまない人は、たぶん図書館で公共の本を自分の好きなページだけちぎって取るなどということはしないだろうと思うし、まわりにいる人をいつも意識して、その人たちと一緒に生きていくことを楽しもうとするようになるのではないか。このように、マナーというものは自然に生まれてくるものなのである。いまの日本ではこれがいちばん欠けているわけだが、とくに大学という場所では、それがほかの社会よりももっと欠けているような気がする。

日本においても、下町に住んでいる職人や店をやっている人たちは、まだ日本の伝統にそって、親がしてきたとおりのしつけを子どもにしている人もいるし、あるいは、そうしたしつけを受けてきて、マナーを守っている人もいる。朝、会ったときににっこりするとか、声をかけあうとか、自分の家の前を掃くときに隣の家のところまで掃く――そんなかたちで互いに助け合ったり、助け合うというほど大げさなものでなくても、互いのつきあいを心地よいものにしている。

しかし、そういうものがどんどん失われてきて、やらなければ罰せられるとか、あるいは、お金を出さなければいけないというように、強制されなければやらなくなってきたということが、いまの日本の社会を住みにくくしている原因ではなかろうか。

10 しつけは親がするのか、先生がやるべきなのか

親の役目、先生の役割

しつけをするのは、先生ではなく、親の役割であると述べてきたが、しかし、先生がしつけをするということもまた大切である。この項では、先生と親が協力してしつけをするということを考えてみたい。

くり返しになるが、親が何もかも先生にお任せという最近の傾向はいちばんよくない。子どもといちばん近い距離にあるはずの親が、子どもにとっていちばん効果がある時期に、効果的にしつけをすることが大事なことは言うまでもない。

親が子どもにしつけをするときには、まずなによりも首尾一貫していなければいけない。つまり、同じことを昨日はいけないと言い、今日はいけないと言わないとしたら、しつけにはならない。また、一応は叱っても、子どもが泣いたりわめいたりしたら許してしまうというのではしつけにはならない。

親が親として、できるかぎりのしつけをやって、そのあとに先生がそれに協力するというのが、最もいいしつけのやり方だと思う。その際の先生の役割は、学校という集団の場で必要なしつけをすることである。一対一で親が子どもとつきあっているときにはわからないようなしつけが、学校の先生の分担になる。集団の場でどういうしつけが必要かということは、学校の先生がいちばんよく知っているはずだからである。だから、親が家庭でするしつけと、先生が学校でするしつけとでは、同じことをするときでも、少しちがったやり方になる。

もちろん、親は、ここまでは親の責任だから自分がやるという覚悟をもつことが大切である。先生のほうも、先生としてできること、できないことを自覚したうえで、先生としてできないことは、親がしつけをしてくださいとはっきり伝えなければいけない。

たとえば、子どもがひとりでトイレへ行くことができる、箸をちゃんと持てるというようなことは、学校で先生が手助けすることはできるが、原則的には親がやるべきことである。反対に、子ども同士がけんかをしたときや、いじめなどの問題については、先生がルールをきちんと決めて、子どもたちがそれを守るように教えるべきことである。また、子どもたちのあいだの競争や、腕力で競いあったりぶつかりあったりするのをどこまで許すか、どこで止めるかということも、先生が判断する問題である。

しかし、盗みをするというようなことは、学校であっても家であっても、いけないことはいけないとはっきりさせて、親もしつけをし、先生もきちんとしつけをしなければいけない。無断で他人のものを使ってはいけないとか、挨拶をきちんとするなどのしつけは、先生の仕事であるように思われがちだが、学校と並行して、家庭でも同じようにしつけをする必要がある。

学校では他人の物をみだりに使ってはいけないと言われていても、家では家族のものを勝手に使ったり取ったりしても何も言われないとしたら、学校でのしつけは効果がなくなってしまう。家においても、貸してね、借りてもいい？　というひとことを言うようにしつけるべきである。また、学校で先生や友だちには挨拶しなさいと言うのと並行して、家でも、親に挨拶する、寝る前にはおやすみなさいを言うようにしつけるべきである。

学校にあっても家庭にあっても、親も先生も、やっていいことと悪いことをはっきり教えなければいけない。そして、子どもたちに、悪いことなのかいいことなのかを自分で判断できるように、何歳のときであっても教える必要がある。そういう事態に出くわすたびに教える必要がある。そして、悪いこと、してはいけないことをした場合には、それにたいして謝るということが必要である。悪いことをしたと自覚させるだけでなく、やったことにたいして自分なりの言葉や態度で謝らせなければならない。

人間関係を処するためのしつけ

しつけというのは、個を確立するためのものであると同時に、人間関係のなかで個を鍛えていくためにも大切なものである。

個人としての大切さ、あるいは、それを守らなければならないということばかりを強調して、個人が他の人との関係のなかでどのように生きていくかということを教えないと、しつけは半分しかできていないことになる。だから、子どもが個人としてしてはいけないことを教えるのと並行して、人間関係のなかでしてはいけないこと、人間関係のなかで大切なことを教えなければならない。

たとえば、挨拶というのは、盗みとはちがって、してもしなくても処罰を受けるほどのことではないと思いがちである。しかし、挨拶をすることが人間関係のなかでいかに大切か、それができないということは罰にも値するということを親が知っていれば、子どもに断固として教えることができる。

人に挨拶のできない子は、悪い子ではなくても、人間関係がうまくいかないことがしばしばある。人とうまくつきあえない子どもの多くは、たぶんこの面での親のしつけ、あるいは先生のしつけが不足しているからではなかろうか。いまは大学生になっても挨拶のできない人がとても多い。

逆に、人との関係においていわゆる調子のいい子、いいことばかり言うが、それと裏腹に盗みをしたり、うそをつく子どももいる。このような子どもは、人との関係だけは親からも先生からもうるさく言われて育ったが、他人を抜きにして個人としていいか悪いかを判断できるようにしつけられてこなかったのだろう。

つまり、ひとりの人間として生きるうえでの善悪を判断するために必要なしつけと、人間関係というそれより広い枠のなかで人と一緒に生きていくために必要なしつけの両方が大切なのである。

この項の冒頭で、しつけは家庭と学校が協力してやっていかなければならない面があると言った意味はここにある。いわば車の両輪のようなもので、どちらかひとつが欠ければ、その子どもが将来、一人前の人間として社会に受け入れられなくなってしまうのである。

だから、先にもふれたように、親がすべてのしつけを先生に任せて、何もかも先生に教えてもらいたいと言うようではしつけにはならない。学校でせっかく教えても、家ではそれを無視しても親が何も言わないのであれば、しつけとしては不完全なものになる。

学校の先生も、親がどういうしつけをしているか、あるいはしていないかを、はっきり知っておく必要がある。親のしつけが不足だと思ったら、子どもにちゃんとしつけをしてくださいと具体的に親に話す必要がある。もっといい子にしつけてくださいとか、もっと勉強するようにしてくださいというような一般的な言い方ではなく、挨拶ができない、給食を食べたあとに片づけができないなど、具体的にどこが欠けているかを指摘して、親も、言われたことを家で子どもにきちんと守らせるようにすることが大事だと思う。

反対に、家で子どもに教えていることが、学校では、そんなことはどうでもいいと言われたり、そんなことはしなくてもいいと言われるようだと、子どもは非常に戸惑うことになる。そうならないように、先生と親はたえず協力して、どういうふうに子どもを育てていくか意見を交わさなければいけないし、できるかぎり一致したところで協力していくようにしなければならない。

仮に先生と親とで一致しない点があったなら、その際には、むしろそれに触れないでおいたほうがいいのではないかと思う。親はしてはいけないと言い、先生はしてもいいと言うことがあるなら、その子どもが年長になるのを待って、そのときに解決するほうがいい場合もある。

さらに、小さいときのしつけは、親や先生はもちろんのこと、できることなら祖父母や近所の人たちみんなが同意できるような点にしぼってしつけをすることが大切なのではなかろうか。

11　子どもと話し合えない親たち

子どもの屁理屈に負けないこと

親子のあいだのコミュニケーションが欠けている、家族のあいだのコミュニケーションが欠けていると、長いこと言われてきた。問題になるような子どもは、家に帰っても親とあまり話すことがない、親のほうも子どもと話す機会がない、そのために子どもが素直に伸びないのだ、と。

親と子どもがわざとらしく、さあ話し合いましょうというのではなく、自然なかたちでコミュニケーションをするというのはけっして容易なことではない。親と子は、ある空間のなかで密着して生活しているだけに、いちいち言葉を使わなくても、いまは気分が悪そうだとか、朝から虫の居所が悪そうだとか、こんなことをしたら叱られるだろうとか、こういうことは言わないほうがいいだろうということがわかってしまうからである。

子どもが黙って家に入り、そのまま自分の部屋へ入っても、誰も何も言わないし、何かが起こって親が子どもを叱るときも、黙って聞いていれば親のほうもあきらめて言わなくなるだろうと思う――いまのこんな家庭の状況においては、子どもと親が話し合う機会は意外とないことが多い。だから、事件のようなものが起こったときに、はじめて親子のあいだのコミュニケーションが足りなかったのだと、人も言うし、自分たちも思うのかもしれない。

昔のように、子ども部屋というものがなくて、みんながなんとなく茶の間に集まっていたときは、たとえば弟と親のあいだに話し合いがなくても、兄が親と話し合っているのを聞いて、弟もそこから察することがあったり、きょうだい同士で何か話し合っているのを聞いて、親も、いま子どもたちが何を考えているかをある程度理解できた。

しかし、現在の家庭においては、子どもは自分の部屋へ入ってしまい、ときには鍵をかけてこもり、自分のやりたいことをやる。親のほうも、自分のやりたいことをやっていて、子どもと積極的に話し合おうとしない。これでは、子どもと親が話し合う機会が少ないのは当然のことである。

また、話し合う機会が持てたとしても、親が子どもの言うことを聞いて、子どもと討論するというのは、大変に難しいことである。子どもとの議論には長い時間がかかるからである。

しばらく前に、母親たちと話し合う会で、私が「なぜ親は子どもに、援助交際のようなことはいけないと言わないのですか」と訊いたところ、「子どもとそういう話し合いをすると、子どもが自分の理屈を言って、だから援助交際はしてもいいんだと親に反論してくるんです。その議論が非常にもっともらしく聞こえるから、親としては、反論できなくなるんですね。結局は子どもの言うことを受け入れなくてはならなくなるから、議論をしないんです」と言った母親がいた。

子どもの反論が明らかに間違っていると考えられる場合でも、親のほうが黙ってしまうようでは、議論になりようがない。反対に、親が自分の結論を性急に押しつけてしまうというのも、議論にならない。

いずれにしても、子どもの屁理屈に感心し、親が言い負かされて黙ってしまうというのは、いちばん危険なことである。子どもが間違ったことをやらないように努力するのではなく、親を言い負かすだけの理屈さえ考えれば対処できるのだと思ってしまうからである。

子どもに言い負かされるから子どもと議論をしないという親は、ある意味で、はじめから子どもに負けているのである。子どもと親のあいだに勝ち負けはないが、しかし、子どもの言い分をすべて通してしまうという意味で、親は自分のあり方を失っていると言っていい。

父親と子どもの議論

子どもと議論するためには、親もそれなりの勉強をしておく必要がある。子どもがどういうふうに言うか、子どもが何を考えているかということがふだんからわかっていれば、子どもと議論するときにも、子どもの屁理屈に負かされたり、説得されたりして、あとになってから、そんなはずではなかったのだが、というようなことは起こらないはずである。

とくに、母親が子どもと議論するときには、えてしてささいなことになりがちである。なかでも母親が毎日家にいる場合、ふつう、子どものやることをよく見ているから、いまさら議論をしなくても子どもが何を考えているかがわかっていると思い込み、あらためて議論をしてもしかたがないと思うこともある。そういう場合には、議論は父親としなさいと言って、父親に任せたほうがいい。

家庭における父親と子どもの議論というのはとても大切なことだと思う。つまり、子どもが成長するにしたがって、母親より父親の役割のほうが大きくなるということである。

母親は、議論をするよりも、ごはんを食べこぼさないようにする、口をちゃんと拭く、歯を磨くなど、日常的なことで子どもの世話をするのに忙しく、あまり議論ができないし、議論をしても、じっくりと話を聞いて返事するということをしない人が多い。

それにたいして父親は、毎日朝から晩まで子どもと一緒にいるわけではないから、何かが起こったとき、あるいは起こらなくても、たまに子どもと一緒にいるときに、子どもとじっくりと議論することは、子どもにとっても、また父親にとってもいい勉強になると思う。

また、親にとって都合の悪いことでも、先生に訊いてきなさいと言うのではなく、まずは親と子が対等に議論することが大切である。そのあとで先生の意見を訊くのは結構なことだが、あくまで親と子が対等に議論するのが先決だろう。

子どもの議論が幼くて、筋が通っていなくても、親は一応聞いてやることが大切である。子どもの話を、そんなことはわかっているとか、そんなことはおまえに言われるまでもないと途中でさえぎってしまっては、議論にならない。子どもは子どもなりの筋の通し方というものがあるわけで、それを聞いてやり、今度は親のほうがそれにきちんと反論するということで議論が成り立つのである。

理屈では子どもの言うとおりだが、いまの社会やいまの状況では、その理屈どおりにいかないという問題も出てくる。また、子どもには大人の視点というものがわからないから、親の意見に納得できない場合もあるかもしれない。そうした際には、子どもは親の保護のもとにあって、もし子どもが間違った行為をした場合には親の責任になるから、理屈はどうあれ、親の言うことに従わなければならないということを言って聞かせることも必要になる。親がノーと言ったらノーなのだという断固とした態度をとることも必要なのである。親が子どもの言うことを聞いてやらなかったら、子どもにノーと言ったら、子どもに嫌われるだろうとか、子どもに悪い影響を与えるだろうといったことを心配して、親がはっきりした態度をとらないとすれば、結果はかえって悪くなる。

お互いに話し合っても無駄である、議論をしても無駄である、お互いにいい加減にごまかしておこうという態度をとっていたら、親子の関係は悪くなる一方である。正直にお互いの考えていることを言い合い、そこからお互いの態度を変えていくということにつながらないからである。

親が議論を避けるいちばんの原因は、子どもの理屈に負けるからだということは前にもふれたが、子どもの理屈を親が否定できなくなるのは、親の自信のなさの表れでもある。親に自分の生き方に自信があれば、子どもが何を言おうと、子どもが正しければそのとおりだと言えるし、間違っていると思ったときにはいけないとはっきり言えるはずである。

議論のやり方に慣れること

くり返しになるが、子どもとの話し合いというのは、簡単にはすまないものである。互いに心の準備をしなければならないし、長い時間と忍耐力を必要とする。だから、ついつい議論するのが面倒くさくなったり、テレビの時間になったとか寝る時間だとかいうことで、話をはしょってしまいがちである。しかし、親と子のあいだではっきりした議論をしておく必要があるときには、子どもの理屈もすべて聞いてやるという長期戦の覚悟がなければならない。もちろん、親の考えていることや親の理屈を子どもに完全に理解させるように努力しなければならない。

このようにして、親と子のあいだに議論ができる仕組みがうまくできれば、子どもは学校でも先生と議論ができるようになるし、隣近所の人たちにも、必要なときにははっきりと自分の考えていることが言えるようになるだろう。

これまでの日本の社会では、議論というものがけんかと同じようにとらえられていて、歓迎されることがあまりなかった。しかし、互いに考えていることや感じていることを相手にはっきり伝えるときには、ヒステリックになっていたずらに相手を傷つけたり罵倒したりせずに、毅然とした言葉で自分の意見を述べるというルールに慣れるべきである。反対に、相手の意見を聞くときも、ヒステリックになったり高圧的な態度をとるのではなく、理性的に相手の言わんとするところを理解するように努めるべきで、子どもに接する場合にもそうした態度をとることは教育上も大切なことになる。

そうした訓練を受けていないと、子どもと話し合いをはじめたとたんに、カーッとなって叫んでみたり、子どもに暴力を振るったりする危険性がある。そうなると、子どもは、議論するとすぐに殴られるのではないか、親に暴言を吐かれるのではないかと怯えて、言いたいことも言わなくなるだろう。あるいは反対に、親や先生の言うことを一応聞いているようなふりさえしておけば、それ以上、説教をされたり理屈を言われたりせずにすむから、とにかく表面だけをつくろっておけばいいという態度をとりがちになる。母親がそうした態度のとり方を子どもに教えることすらある。

親が言ったことにはいはいと言っておけば、それでごまかせてしまうというような気持ちを子どもがもつようになると、あとあとまで大きな問題として残るだろう。学校でも職場でも、そうした態度をとる人がいるが、それは非難を受けるもとになるし、その結果、自分の仕事も同僚との関係もうまくいかなくなり、集団生活の中でやっていけないことにもなりかねない。

親と子の話し合いをおろそかに考えないで、いちばん大切な出発点として、親は必ず子どもと話し合うようにしてほしい。

12　子どもを育てるとはどういうことなのか

すべては親の責任

子どもに関することはすべてが親の責任である。国によって成人になる年齢に多少のちがいはあるが、成人になるまでのあいだ、子どもの行為、子どもの生き方については親が責任をとるべきである。子を育てるというのは、親の責任であり義務である。

成人になるまで、子どもは自分の行為や自分の生き方に責任がとれないものと考えられているから、それを監督し、育て、指導するのは、当然親の仕事になる。子どもが悪いことをしたり、犯罪を犯したりすれば、当然のこととして、いったい親は何をしていたのだ、どういう教育をしてきたのだと非難される。そうした際に、いったい学校は何をしていたのだ、先生は何をしていたのかと非難することはめったにないが、もしあるとすれば、それはとてもおかしなことだと思う。

先生が一人の子どもとかかわる時間というのは、その子のごく一部の時間であるから、一人の先生が一人の子どもにたいして全責任をとることはできない。学校での勉強に関することは先生の責任になるが、子どもの人格的な問題や行動のすべては親の責任である。

親は子どもにしつけをすると同時に、辛いことや困難に耐えていくような力をつけていかなくてはならない。それと同時に、人生の美しさや楽しさについても教えていく必要がある。努力するということがどんなにすばらしいものか、努力することで楽しみが得られ、その結果、人生の喜びも得られるのだということを子どもに教えるのは親の義務である。

親が子どもにやらせるのは、学校の勉強だけではない。受験勉強をさせて有名校にパスさせることでもない。いちばん大切なことは、考える力を育てることだと思う。いま、子どもの考える力が低下しているのは、たぶん親の子どもにたいするしつけ方、あるいは教育の仕方が間違っているからではなかろうか。

親が子どもに代わって何でもしてやったり、子どもの面倒を見すぎると、子どもの考える力は低下してしまう。子どもは、自分で考えなくてもすべて親がしてくれるわけだから、考える必要がないと思い込んでしまう。

親に依存している子どものいちばんの問題は、自分で考えることを放棄した生活をしていることである。子どもが考える力を十分にもっている場合には、親が必要なときに手助けをしてやることは少しも邪魔にならないが、何もかも親に依存してしまって、考えることまで親にしてもらっていると、その子どもはいつまでたっても一人前の大人になれない。

考える力を育てることは、親だけでなく、先生もやらなければならない。しかし、先生はあくまでも知識の勉強として子どもに教えることができるのであって、毎日の生活のなかでの徳目としての勉強、態度、道徳などに関しては、親が教えるのがいちばんいいことなのである。

親が、これはしていい、これはしてはいけないということを教えるのはとても大切なことであるが、何か問題が生じて、それがいいのか悪いのか一見して判断できないようなとき、親が判断をするのではなく、子ども自身に考えさせることが必要である。

親がいい悪いをあまりうるさく言いすぎると、子どものほうは親に従ってさえいればいいということになって、はいはいと言って一見親の言うことを聞くようになるが、じつは内心、納得していないということになってしまう。

しかし、親が子どもに考える力を教えていけば、子どもが自分で考えてみて、これはよくないということがわかるはずであるから、そうなれば、親に言われたからする、しないではなく、自分の考えとして、これをしよう、これはしてはいけないというふうに判断できるようになる。判断する力というものを子どもの身につけるのは親の大きな責任である。

体力、精神力を身につけさせる

人生には、学校の勉強以外にも、必要なことがいろいろとある。たとえば、体力や精神力は、知力と同じように、あるいはそれ以上に大切なものであり、これを育てるのも親の仕事である。

体力を育てることは、かつては運動会やスポーツや休み時間などをとおして、学校の仕事である場合が多かった。親に任せておいたのでは、子どもに体力がつかないから、学校がそれを受け持っていたのである。

しかしいまのように、親が、危険なことはしないでほしい、競走で順位をつけてはいけないと、学校のやることにいちいち口出しするようになると、学校の授業や行事で体力をつけることは期待できなくなってくる。子どもたちにマラソンをさせる、遠足で長時間歩かせる、走らせたりする——そんなことをすると、子どもが病気になるとか、長いあいだ歩かせたために障害が起こったなどと親が言うようになったために、学校は安全を期して、そうした行事をしなくなってきている。遠足もバスで行くようになり、何もかも先生がつきっきりで子どもの面倒をみるということになり、体力も、精神力も、判断力も、何も育てられないことになってしまう。

そのうえ、受験勉強がもっぱら暗記に頼っていて、考える力を引き出す教育になっていないことを考えると、いまの学校に、子どもの生きる力を育てることはほとんど期待できないのではないか。

たまたま魅力のある先生がいて、その先生と接触することで生きる力を学んでいくということはあるかもしれないが、最近の先生は、元気のない先生、怯えている先生、親から批判されるのを怖がっている先生、子どもたちにナイフを突きつけられるのを心配しているような先生が少なくないから、むしろ子どもは、大人というのは生きる力がないのだなと思うことのほうが多いのではなかろうか。

生きる力を養う

いまの時代は奇妙な時代で、親が子どもの成長について先生を頼りにしているくせに、その実、先生を信頼していない。そんな時代に子どもに生きる力を教えるのは先生よりも親なのではなかろうか。

文部省は、新しい教育改革のなかで、子どもに生きる力を教えろとうたっているが、生きる力を教えることができるような先生がどれくらいいるというのか。

第一、生きる力を教えるために、先生がどういう勉強をしたらいいのか、どういう体験をしたらいいのかということを提示することなしに、学級崩壊や不登校が起こって困っている先生たちに、いきなり生きる力を子どもに教えろと言っても、それは無理な話である。

生きる力を自然に学べるのは、やはり親からだと思う。生きる力と呼ばれるもののなかには、苦しいときに我慢する我慢強さや、人に教わらなくても自分で学ぶ心とか、あるいは、他人を信頼したり、他人を助けるということも入ってくると思う。こうした力を持つことで、生きていくことはずっと容易になるはずだ。

生きる力のない子どもは、勉強だけ一生懸命やっても、なかなかそれ以上に伸びていくことができない。たとえば、親に言われるとおりに必死に勉強して、受験にパスしたり、試験でいい点をとっても、受験や進学が終わったとたんに息もたえだえになってしまう。だから、受験力があっても、勉強力があっても、それ以上に生きる力というか、ゆとりを持って生活していく力がなくなってしまう。

生きる力というなかには苦しいときにどうやって耐えるかということも含まれると言ったが、具体的には、キレたりムカついたりするのでなく、苦しさに立ち向かい、自分の強さを鍛えることである。

キレる、ムカつくという言葉がいまはやる理由は、ささいなことに忍耐できないからだろう。生きる力が小さいからであると言ってもいいかもしれない。キレたりムカついたりするのがまるでいいことでもあるかのように、キレたとかムカつくとか平気で言うのは、いかに自分は生きる力を持っていないか、考える力を持っていないかということを言っているようなもので、親が子どもをちゃんと育ててこなかった証拠でもある。

もっと生活全体のなかで、子どもの体力、能力を広げていって、これからの社会でなんとか耐えながら生きていけるように子どもを育てることが親の大きな責任なのである。親の努力は、子どもの生きる力を伸ばすことにまず集中されるべきである。

五感を育てるのが先決

最近の親は、子どもが有名校に入る、いい学校をいい成績で卒業する、官庁や大企業に就職するという、ある意味で、具体的な目的だけに力を注いでいて、生きる力とか考える力というような、具体的ではない目的には熱心でないようだが、それは子どもにとってとても不幸なことだと思う。

たとえば生きる力のなかに私が入れたいと思うのは、自分の持っている感覚、五感と言ってもいいが、食べること、匂いを嗅ぐこと、体や指先で感じることを大切にし、判断の材料とすることである。

いまの子どもたちが、バーチャルリアリティーのなかに生きていて、コンピュータやインターネットのような、キーを押したりクリックしたりすることだけで何かが与えられる世界にいると、自分の体で感じる五感というようなものは、だんだん人生の中から消えてしまい、それによって生きる力を失っていくのではないかと思う。コンピュータで遊ぶということは、公園で子どもたちが砂遊びをして遊んだり、砂が目に入って痛いと感じたり、草の匂いを嗅いだり、ザラザラした木の幹を感じたりすることとはぜんぜんちがう。クリックするだけであたかもその場にいるかのような感じにさせるが、じつは見るという感覚しか使っていないのである。

前にもふれたが、学校の授業をおもしろくしたり、毎日の生活をおもしろくするために、エデュテインメントというような言い方をして授業改革をしようとしている人たちがいる。学校もそういう方向に進もうとしているようである。子どもの教育を工夫するというと、すぐにそういうかたちになりがちだが、実際、それが子どもたちに生きる力を与えることになるかどうか、考えなおす必要があると思う。

最近、他人の推薦する言葉だけ、つまり人の批評とか推薦とか、あるいはマスメディアの論調やPRなどの言葉だけを受け取って、こうなりたい、ああなりたい、こういうことをしたいと感じるような子どもが増えているのは、自分の五感で感じるということを暮らしのなかでやっていないからではなかろうか。

社会全体が、コンピュータ社会になり、インターネット社会に向かっているとき、親の役目は何なのか。それは、自分の子どもを、そして地域の子どもたちを、あるいは日本全体の子どもたちを、親だけはせめて人間としてごく自然な、動物として当然持っているべき五感をちゃんともっている人間として育てていくことではないか。

子どもたちがすぐにキレたりムカついたりするというのは、忍耐力のなさと並んで、実際に体で感じたり、口で感じたり、目で感じたりすることが少ないということも関係しているように思える。

誰かが薦めてくれたから、本で読んだからこの食べ物はおいしいというのではなく、子どもたちが実際に食べてみて、これはおいしいとか、苦いとか、からいとかいうことを感じるところから、自分の判断をつくっていく。これは考える力をつける第一歩だと思う。いくら辛くても、自分で耐えていけるという判断ができていれば、すぐにキレたりムカついたり、自殺をしたりすることはないはずだ。

いまの親の責任というのは、学校や教育の場で生みだされる新しい工夫に飛びつくような表面的なことではなく、人間が根本的に持っていなければならない、人間にとっていちばん大切な基本的なものを教えることにある。

子どもにとって親は、ただひとりのいちばん大切なものである。だとすれば、親が子どもに生き方を教えなければ、子どもは生きていくことができない。親は、子どもを生んだからには、責任を持って育てなければいけないし、立派な大人にしなければいけないのである。

第四章　いま父親は何をなすべきなのか

13 家庭と会社のあいだを右往左往する男たち

友だちとしてしか子どもに接しられない父親

一九六〇年代から九〇年代のはじめまで、日本経済は右肩上がりと言われて、サラリーマンは労働は過重だったかもしれないが、給料は毎年上がり、豊かな中流家庭を支えていくことができた。この間、父親の役目は豊かな中流家庭を支えるということに尽きた。

その結果、父親の役目はそれだけでいいと思う人が増えてしまった。父親は毎日遅くまで会社で働き、家庭は事実上、母と子の母子家庭、しかし収入は豊かだから、それなりにみんな満足している――父親がいてもいなくても、給料さえ銀行に振り込まれれば問題はないというパターンになっていたように思う。

昔の家庭――昔といってもせいぜい三十年前、四十年前の、家庭における「父」の存在感、あるいは威厳と言ってもいい男の役割は、この十年から二十年のあいだにすっかりなくなってしまった。

妻や子から、収入さえあれば豊かな生活ができるのだから「亭主は元気で留守がいい」などと言われ、父親の存在感はおろか、男たち自身が父親であることを示すにはどうしたらいいかがわからなくなっていったように思う。つまり、家庭のなかで父親の役割、あるいは夫の役割を示すのに、お金以外のことで示すことが男にとって非常に難しくなり、ほとんど不可能になってしまったのである。

だからだろうか、子どもが父親にどんな態度をとろうが、どんな言葉遣いをしようが、父親は何も言わず、逆に父親が子どもに媚びて、友だち同士になろうとしているケースも多々ある。先生と生徒もそうした関係になってきているようだが、父親が子どもと一緒に遊んでもらうというかたちになり、子どもが父親にたいして「てめえ」とか「だまれ」などという言葉遣いをしてもかまわない、あるいは父親をお父さんと呼ばずに名前で呼んでもかまわない、それどころか父親がそれを喜ぶという風潮すら現れている。

さらに、家庭にあって子どもが父親を完全に無視してしまうことも多くなった。妻は夫に話しかけられれば短いながらも返事をするかもしれないが、子どもは、たまに父親が家にいるときに父親が話しかけても、返事もしない、無視している——そんな状況がけっして珍しくなくなったのである。

そうした状況のもとで父親はどうしたか。給料は銀行振込で支払われるのだから、あとはできるだけ長い時間、会社という居心地のいい共同体のなかで無難に過ごし、家庭に帰るのをできるだけ遅らせようとした。それで、すべてうまくいくと考えていたように思う。

一九八〇年代のバブル経済のころには、過重労働を求められて帰宅が遅くなったということもあるが、しかしそれだけではなく、家に帰っても自分の居場所がない、自分の存在価値を示す場面がないことから、会社で遅くまで仕事をし、部下や同僚と飲むことで自分の存在感を確かめていたということがあったのではなかろうか。

ともかくも夫は家族を養い、豊かな生活を保証していたのにたいして、妻や子は、それをあたりまえのことと考え、収入をもたらすという夫のいちばんの義務に特別に感謝することもなかったという気がする。

しかし経済が下り坂になり、長びく不況のもとでリストラがはじまり、会社そのもの、あるいは職場が居心地のよい共同体ではなくなってきた。残業も少なくなり、場合によっては、休暇をとることさえ強要されるようになっている。そんなことで三日間も家にいたりすると、子どもたちから「この人、誰」と言われたというように、笑うに笑えない話も現実に出てきたのである。

思い悩む男たち

男性にたいする社会の見方も変わってきている。

ついこのあいだまで、男は黙って仕事さえしていればいいとされていたのが、男も家事や育児をしなければいけないと言われるようになった。これを最初に聞いたとき、男性たちはショックを受けただろうが、いまでは女性もそれを当然のように言い、さらに男性自身も、「育児をしない男を、父とは呼ばない」という厚生省のポスターに象徴されるように、実際にやるかやらないかは別として、たしかにそういうものかな、男も家事や育児を分担しなければいけないのかなと思うようになった。

しかし、わが子が非行に走ったり援助交際をするという事態になっても、父親はどうしていいかわからず、うろうろするだけで、その困惑を押し隠そうとして、妻を怒鳴ったり、子どもを怒鳴ったりすることくらいしかできなくなってしまった。

さらに、会社にあっても、自分の部下にあたる若い世代がすっかり変わってしまった。これまでのように若い人を叱ってもあまり効果がないし、訓練もままならなくなった。飲みながら打ち解けて話すということもあまりなくなってしまった。

社会がどうもおかしくなっている、これは、「女・子ども」ということでひとくくりにして、男が親子関係にタッチしなかったことの結果なのではないかと男たちは考えはじめた。

しかし、男たちは思い悩む。家庭教育やしつけなど、これまで女に任せておいたことを、彼女たちに任せられないとしたら、いったい男は何をしたらいいのか、と。

男が育児や家事の中心になるべきなのか。しかし、それは容易ではない。それならば仕事と家庭の比重をどうしたらよいのか、男たちの気持ちはいま、非常に混乱していて、何がいいのかわからなくなっている。ただし、ひとつだけ言えることは、おれは男だから家事や育児はやらないと、正面切って言う人が少なくなったことだけはたしかである。いや、いまやほとんどいないと言ってもいいかもしれない。

だから、家事や育児はやらなければいけないとは思うけれど、実際にはなかなかできないと言い訳をする男たちが多い。そのあげく男たちは、家事や育児をやれと言われたときに、いったい家事とは何だ、育児とは何だ、女の役目は何なのだ、母親の役目は何なのだと、はっきり聞き返すことさえできなくなって、自分たちがいままでやってきたことが悪かったらしいから、これからは女に言われるとおりに何かをしなければいけないらしいと思いはじめているようである。

14 夫として、父親として何をすればいいのか

家事なのか愛情表現なのか

仕事を持ってキャリアを追求している女性が妻である場合、その妻は当然、家庭にあっても夫と同じ権利を主張するだろう。夫と同じように社会に出て仕事をし、給料をもらい、なおかつ母親としての、あるいは妻としての仕事もこなしているのだから、と。そもそも日本の家庭においては母親の役割が大変に強く、大きなウエイトを占めていたから、妻が経済力をもてば、夫よりはるかに発言権が強くなるのは当然のことかもしれない。

しかも、政府が推進している男女共同参画時代ということになって、夫のほうも、妻と同じように家事をしなければならないと考えるようになっているから、妻の側は、夫と同じように働いているのだから家事は半分ずつ分担してあたりまえ、と夫に要求をつきつける。

しかし、これまで家事をしたことのない夫が、あらためて家事を勉強し、妻と公平に分担できるかというと、そうは簡単にいかない。だから実際には、夫も家事を分担するというふうにはあまりなっていないようだが、ただし昔の男とちがうところは、少なくとも家事をしないことに罪悪感を持って

いることである。

しかし、妻の側は、同じ男でも息子となると対応がちがってくる。母親として息子に家事を仕込むわけではないのである。ここに大きな矛盾がある。息子に家事を手伝わせないで、夫にだけは手伝えというのでは、その息子が家事のできない男性になり、やがて彼らが結婚したら、家事を分担できないことになってしまう。まさに悪循環である。

キャリアを追求している妻の場合、彼女たちが仕事で出世することがあり得ることを夫は認めなければならないし、会社で男性と同じ仕事をしているとしたら、単身赴任をすることもあるだろうし、同じ職場で働いていて、妻のほうが能力があって収入が高いということもあるだろう。だから、そういう妻をもつ夫たちは、自分の出世に差し支えがあろうがなかろうが、育児休業をとって子どもを育てたり家事をこなして、妻に出世してもらうのはあたりまえのことだというふうに思いはじめている。

では、専業主婦の妻の場合はどうか。これまでと同じように夫が収入をもたらしてくれるかぎり機嫌よく家事をこなし、子どものしつけから教育まですべて面倒をみてくれるのだろうか。これまた、そうはいかないのである。

とくに若い専業主婦の場合、自分の子どもと一対一でいることを非常に苦痛に思う人が多くなっている。自分の子どもなのにどう扱っていいかわからず、ときには育児ノイローゼや子育て恐怖症になり、カウンセリングが必要になる場合もある。

また、自分も社会へ出て給料をもらい、能力を認めてもらいたいという願望を胸に抱きながら、それが実現しないことで欲求不満になることもある。さらに、先にふれたように、社会で能力を認められる代わりに、子どもをいい学校にやることで自分の能力を示そうとする母親もいる。若い母親同士のつきあいのなかで見栄を張ったり、トラブルを起こしたり、嫉妬したりと、妻の座もけっして幸福なものではないらしい。

みんながほとんど似たようなレベルの中流家庭で、収入も家庭環境もとりわけちがいがないという地域に住んでいると、差が出るのは、自分の親が豊かかどうかということだけになる。自分の親が豊かな若い夫婦の場合には、親に子ども（親にとっては孫にあたる）のための経済援助をしてもらうとか、親に金を出してもらっていいマンションを購入するというように、豊かな生活を誇示することができる。こうしたことが、経済的に豊かでない親を持つ夫婦の羨望の的になるという。

そうした若い専業主婦は、育児だけでなく、ファッション、流行、食べ歩き、社交など、すべての面にわたって他の主婦と競い合い、それが派閥のようなものを生むようになる。いったん派閥に入ってしまうと、抜けようとしてもなかなか抜けられないし、適当に距離をとることもできない。とくに人間関係がもともと希薄な都会の集合住宅などに住んでいる専業主婦は、派閥をはずれたら、ほかに話をする人もいなければ、所属するところもなく、息抜きをするところもなくなってしまうとおびえている。

しかしいまや、そうした若い専業主婦の存在を笑ってすませることのできない時代になった。彼女たちは、さまざまなストレスや心の傷によって子どもと同じようにキレたりカッとなったりし、ときにはそれが犯罪に結びついたりする。だから、彼女たちが夫に求めているのは父親の役割なのだという。しかし、いまさらそんなことで父親の役割を求められてもと、夫たちが戸惑うのも無理はない。

しかし、夫に父親の役割を求める若い専業主婦が出現するずっと以前から、家庭において父親が「行方不明」であるために、さまざまな問題が生じていたのである。

家族という共同体、地域社会という共同体の多くの部分が日本において失われて以来、少なくとも都会に住んでいる若い主婦たちは、会社へ行って仕事をしているキャリアの女性（家族や地域社会以外に帰属する場のある女性）を別にすると、社会から孤立して自分の居場所がないと感じていた。それどころか、自分で居場所をつくり出すことさえできないでいたのである。

そうした若い主婦たちは、労働にかかわることなく、消費者としてだけ生活してきた人たちが少なくない。消費者は王様と甘やかされてきた彼女たちは、お金を出して与えられるもの以外のものを求めることができなくなり、お金を出さずに自分の求めるものを手に入れられなくなっている。

小さいときから勉強、それも受験勉強をしていればいいと言われ、日常のことはすべて親が面倒をみてくれて、いい大学を出て、いい会社で三、四年働いて、適当な相手に恵まれて職場結婚をしてという若い主婦たちは、子どもを育てたり、子どもの世話をするための何の訓練も受けていない。子どもが生まれてから、大慌てで育児の本などを参考にしても、生き物である子どもは、マニュアルどおりにいくとはかぎらない。しかも、忍耐ということを知らず、工夫もできない彼女たちは、結局、不満と恐れを蓄積させていく。

そうした若い専業主婦を妻にもつ夫にできることは何だろうか。夫が、その多寡は別として収入のすべてを妻に渡し、あとは任せるということが通用しなくなった現在では、適当にやれよ、ではなく、自分に何ができるかを探さなければならないのである。

まず考えられるのが、食事や掃除などの家事の手助けであるが、これは求められればきりがない。きちっと半分ずつに決めることはできないから、妻は往々にして、夫のほうが楽をしている、もっとやってほしいと、際限なく求めてくることになる。とすれば、家事の分担ではなく、妻の悩みを聞き、妻のおしゃべりにつきあい、折にふれておまえはよく頑張っていると妻をほめてやり、また、子どもの面倒をみるのって大変だねといたわってやり、ときには、今晩は子どものことを忘れてふたりで食事に行こうと言うことが、いまの若い夫に求められていることではなかろうか。

さらに、いまの日本の若い夫婦は、ほとんどの場合、恋愛結婚であり、愛情がいちばん大事だと表面的であれ考えているとしたら、愛情を結婚生活の基本とする欧米と同じように、日本の男性がいちばん苦手とする「愛情表現」が夫に求められることになる。

妻の目を現実のさまざまな不満からそらすこと、そして夫婦の愛情が何よりも尊いものだと自分も信じていると妻に思わせること、それがいちばん大事なことになっているのである。

子育てだけが父親の役割ではない

親業訓練協会という男親のためのセミナーがあり、そこでは、おしめの替え方や子どもの風呂への入れ方を男性に教えるのだという。そうした仕事を男親がやる必要はないと思うが、もちろんやりたい人はやればいい。じつは、おしめを替えたり、風呂に入れたりするのは、男親の仕事としてはいちばん容易なことであり、おもしろいことと言ってもいいかもしれない。

「育児をしない男を、父とは呼ばない」というポスターにそそのかされて（それ以前からあったことだが）、育児に関心をもち、子育てに携わっている男の人もいまではかなりいる。そういう人たちは自由業であったり、妻のほうが収入が上の場合が多いが、育児にはまってしまっている人も少なくない。おしめはどれがいいか、離乳食は何がいちばんいいかなど、育児というのはとても楽しいと言っているのだ。

しかし、それで父親の役割を果たしたことになるのだろうか。私はそうは思わない。子どもが父親の存在をいちばん必要とするのは、子どもがもう少し大きくなってからではなかろうか。

子どもが大きくなって、母親のできないことでも父親ならできるという認識を子どもが持つようになると、父親の存在は子どもの心の中で非常に大きなものとなる。サッカーが上手、野球ができる、カヌーが漕げる、釣りができるなど、子どもを日常の生活や勉強から引き離すことで、父親の権威を理解させるきっかけになる。

ふだんの生活ではできないことを父親と一緒にやることで、まず第一に、子どもに体力がつく。さらに、工夫する力や考える力が身につくようになる。もちろん、カヌーもサッカーも野球も、母親とやっていけないということはないが、やはり男性の仕事なのである。もちろん、ふだんはそんなことはできないが、週末や休暇のとき、父親と一緒に何かをやることで、父と子が共通の興味を持ち、共同で仕事にあたることが可能になってくる。とくに、カヌーや釣りのように、多少とも危険がつきまとうスポーツは、父と子が共同して危機を乗り越えることで一体感を持つことが多い。

子どもは生まれたときから自然に母になついている。それは、母性は神聖だからということではなく、子どもが母親から生まれ、母親から乳を与えられ、最初に目を開いたときに見るのが母親の顔だとしたら、母親と一緒にいるのが子どもにとってはいちばん自然なことだからである。

これにたいして父と子は、とくに男の子の場合には、年齢の上下関係や経験のちがいはあっても、同じ性に属する同志という感覚を持つようになってはじめて、父と子との関係を意識するようになる。

子どもとそういう関係を築くには、父親は自分を鍛えておく必要がある。子どもが興味を持ちそうなことを何にもできないとしたら、子どもと一体感を持ったり、同志の関係になることはできない。つきつめて言えば、父親は子どもを母親の手から切り離し、社会性を与えるために存在すると言ってもいいだろう。昨今、母子密着による問題が云々されているが、父親が母と子の関係に介入することで、子どもを母親との狭い生活の場から引き出すことができる。これこそが父親の影響力なのである。

家以外の場で父と子が一緒に運動をしたり、汗を流して仕事をしたりするつきあいのなかから、父と子は互いの失敗を笑ったり、勘違いを許したりすることで、自然体の父と子の関係がつくられる。父親が妻と子を引き連れてイベントや観光に行ったとしても、あるいは母親がプランを立て、夫に一緒に行きましょうと言ってキャンプに行ったとしても、父と子の特別な関係はつくれない。あくまでも、父親が自分でプランを立てて実行しなければならないのである。その助手として妻を連れて行くのはかまわないが、主導権はあくまでも父親がにぎらなければならない。

父と子のきずなをつくることで、やさしさ、癒し、甘えなどの言葉に象徴される女性主体の親子関係を、もう少しハードで、たくましく、大らかなものにすることができるのではなかろうか。

父親の存在感がない社会は不健康

子どもにとって、父親の役割と母親の役目ははっきり異なっている。幼いときに面倒をみてくれるのは、ふつうは母親である。生まれた子どもが母親に密着して暮らすのは当然のことである。母親のやさしさ、気遣い、ケアなどは、幼児にとってとても大切なことである。また子どもを危険から守り、子どものためによかれと目前の安全だけを考えるのも母親の役目である。

しかし、子どもが少しずつ大きくなり、大人へと移行していく時期、とくに男の子の場合、性的な特徴も備わりかけてきた十歳ころに父親の存在が必要になってくる。先ほどもちょっとふれたが、この時期に父親が、危険を承知で、あるいは危険をおかしてでもやらなければならない場合があることを教えることが、子どもを励ますことになる。

父親と距離をおいたつきあい方をする、父親から荒っぽく叱られる。あるいは、身近なこと、日常生活のこまかいことではなく、社会全般というと大げさだが、人生について話したり注意してやることが、成長過程にある子どもにはとても大切になる。それこそが父親の役割なのである。また、お金を使う、物を買うという消費だけでなく、働くことに目が開かれるのもこの時期だと思う。そのための身体的な準備と心の準備をさせるのも父親の役割である。

とくに男の子にとっては、同性である父親の役割が大きな影響を持つ。父親にいま挙げたようなことを教わったか否かによって、社会へ出てから活躍できるかどうかが決まると言ってもいいだろう。

もちろん、女の子にとっても父親の存在は欠かせない。それは、父親を通して、異性というもの、あるいは母親と父親はどう異なるのかを見るいい機会になるからである。女の子である自分と父親は何がどう異なるのか、父親は母親とは行動の仕方、ものの考え方がどうちがうのかを習うことができる。

父親から、自分や母親とは異なるものの見方だけではなく、肉体的にも生活の仕方についても、ときにお金の使い方についてさえ異なることを学ぶことで、女の子は、男性というものについて自然に知ることができるようになる。男と女がちがう、男性と女性がちがうということは、差別ではない。男と女がちがう行動をする、ちがう生活様式を持っている、ちがうものの考え方をするということを知ることは、女の子にとってとても重要なことなのである。

ところが、子どもから大人になる時期にそうした経験をしないままに過ぎてしまうと、男になじめない女性になってしまうことがある。いくつになっても、男は嫌、男は汚いなどと男を批判してばかりいて、男とかかわりたくないという女性が最近非常に増えているが、母親にだけ育てられた人にそうした女性が多いような気がする。

つきつめて言えば、男性と女性のちがいを、女性なりに見きわめることが大切なのに、自分の知らないことだから嫌、自分とはちがうものは嫌と言って拒否するようでは、その女性の一生は不幸なものになるだろう。じつは、男であることの特徴を嫌う若い人は女性だけでなく、男性にも増えている。体毛を剃ったり、抗菌グッズを持つ男性というのは、しばしば男の存在感を嫌うという傾向がある。

男女を問わず男の存在を汚いものと考えたり、自分を威圧するものと考えたりする風潮が出てきたのは、父親の存在感がなくなってきたことに呼応しているようである。そのせいか、女性と男性の数の比率も、生まれてから死ぬまでの生き方も、以前とさほど変わらないのに、この世には男性より女性のほうが多いという印象すらある。しかし、男の存在感、父親の存在感がなくなっている社会は、非常に不健康な社会である。

なぜ、こんなことになってしまったのか。それは女性が、とくに母親が父親を大切にしない、いてもいなくてもいいものだと子どもに思わせることにあると思う。それと同時に、父親自身が、自分の存在感を子どもに植えつけることができないでいるということもある。

たとえば、子どもがナイフを使えない、たまにナイフを使えば犯罪になってしまうというのは、指を切ったらいけない、ナイフなんか危ないものだと母親が子どもに言って、ふだんナイフを使わせないことに一因があると言われている。たしかにナイフは使い方を誤ると危険なものであるが、ふだんナイフを持ってはいけないということと、ナイフを正しく使えるということとは、まったく別なことである。ナイフはそもそも非常に役に立つ道具であり、正しく使えなければ、女性は料理ができないし、男性はピクニックやバーベキューをするときに困る。

母親は往々にして、ナイフなど使わずに、できあいの品を買えばそれですむと考える。そんなとき父親が、指を切ってもいいからナイフを使って鉛筆を削ってごらん、リンゴをむいてごらん、木工細工をしてごらんと言って励ますと、子どもたちは、ナイフがいかにおもしろいものか、役に立つものかがわかり、ナイフを正しく使えるようになる。もちろん、ナイフで自分の指を切ったりけがをすることもあるだろうが、そのことでナイフの危険性もわかるようになる。

いけないと言われながらナイフに惹かれて隠し持っている子どもが犯罪を犯すことがあるのにたいして、ナイフをきちんと使える子どもは犯罪に使ったりすることはまずない。少なくとも結果を考えずに使うようなことはない。だから、子どもを危険から守るという母親の役目はとても大切ではあるが、危険があってもそれを使わせたり、教えたりするという父親の役割もまたとても大切なのである。

いま社会が不健康になっているのは、これまで述べてきたように、父親の役割と母親の役目のバランスがとれていないからではなかろうか。

もちろん、父親と母親の役割は交代してもかまわない。女性が父親の役割をし、男性が母親の役目を果たすということも、現実に起こっている。父親が子どもが生まれたときからおしめを取り替え、離乳食をやり、母親のようにこまかく気をつかう。母親は社会へ出て仕事をし、休みのときなどに子どもを外へ連れ出して鍛えるというぐあいに、である。つまり、父親と母親を、ジェンダーにもとづいて男はこう、女はこうというふうにやるべきことを決めつける必要はないのである。ただし、はっきりしているのは、両親の役割が同じものであってはいけないということである。

父親が父親の役割を、母親が母親の役目を果たしている家庭で子どもが育てば、その子どもの生き方はいまよりもはるかに健康なものになると思う。そして、父親と母親が協力して子どもを育てるということ自体が、いちばんいい愛情の示し方になるのではないかと思う。

15 父親を孤独から救うには

家族が父親を支える

極端にいえば、これまでは父親は給料を振り込む以外のなにものでなくても、家庭はなんとか成り立ってきたし、社会もそれをよしとしてきた。しかしこれからは、男の存在、父親の存在がもっとはっきりと家庭のなかで示されなければ、家族がやっていけない時代になるし、次の世代がきちんと育っていかない社会になっていくように思う。これは、父親の存在が家族にとって大切だ、子どもの教育に大切だということだけでなく、男性自身にとっても非常に重要な意味をもっている。

先にもふれたように、給料を振り込むことだけで父親の存在感を示せた時代には、男には、会社やときには趣味の世界で、自分の存在を認めてくれる仲間がいて、そこで帰属の感覚を楽しむことができた。しかしいまでは、能力や業績しだいで昇進できなかったり、左遷されたり、リストラされたり、かつては仲間だった同僚が競争相手になるなど、会社も安心して帰属できるところではなくなったのである。

会社がサラリーマンの立場を永遠に保障してくれるものでなくなり、能力しだいで変化する、不安定な場所になりつつあるいま、会社から離れて、自分を本当に支えてくれるものが必要になっている。男性も会社以外のところで自分の居場所を積極的につくっていかなければならない時代になったのである。

男性が会社以外で自分の居場所を求めるとしたら、それは家庭（家族）と地域社会ということになろう。ところが、もし家族が父親のことを給料を運ぶ道具としか考えていないとすれば、その役目を果たせないような父親は、極端な話、もう必要ないと思うようになるかもしれない。となれば、男性の居場所は家庭にもなくなってしまう。

会社を離れ、男としての能力や威厳、さらには自分の存在価値までも否定されたという失望感と同時に、家庭にも居場所がなく、誰にも支えられていないという絶望感が、中高年の男性の自殺の増加の原因になっているのではなかろうか。

一九九八年度に、日本の男性の平均寿命が戦後初めて短縮したという。その理由は、中高年の自殺者が増加したことである。そんな理由で平均寿命が短くなった国は日本だけだろう。イギリスや北欧の国では、若い人の自殺が増加していて（平均寿命を縮めるほどではないが）、若い人が人生に悩み、恋に悩み、ノイローゼになったり、人生に希望を失ったりして自殺するケースが多いと聞く。しかし、日本のように、失職がそのまま自殺につながるのは、しかも、ものの道理がわかり、経験も積んでいるはずの中高年男性が、失職したことで電車に飛び込むというのはあまりにも悲惨である。

日本が向かっている能力社会にあっては、リストラは当然のことになってくるだろう。そんなとき、仮に父親が失職していても、あるいは失職しているからこそ父親とサッカーができる、学校の話や困っていることを聞いてもらえる、いじめのことを相談できる、一生懸命つきあってくれる、というふうに考えるようになれば、父親にとっての居場所は家庭にもあるわけである。

イギリスでホームステイをした日本の学生たちの話を聞く機会があった。そのなかのひとりの女子学生が、自分の滞在先のお父さんはすばらしかったと言った。そこの家には、自分と同じ年齢の娘さんがいたが、お父さんは彼女を毎日、車で学校まで迎えにいって、帰り道、その日に起こったことを娘から聞きながら戻ってくるのが常だった。娘さんはお父さんに、試験のこと、宿題のこと、ボーイフレンドのことなど、何でも相談して、そんなお父さんが羨ましかった、と。

その話を聞いていたひとりの中年男性が、そんなことのできる父親はいったい何をやっている人なのかと質問した。女子学生が、じつは失業していましたと答えたとき、笑いが起こり、質問した男性は、そうだろう、失業でもしていなければそんなことはできないよと、明らかに軽蔑の口調で言った。それにたいして女子学生ははっきりと、私は、失業していてもそんなお父さんがいいと思いますと言ったので、私は思わず加勢しそうになった。

失職した父親、お金を持ってこない父親なんか要らないというのではなく、失業していても父親が大切だと子どもが思うとしたら、そのほうがずっと素直な考え方だろう。しかし、日本の男は、失業した男なんて男としてだめだ、と考えがちだし、父親として稼ぎがあることが第一と考えて、自分で自分の首を絞める結果になるようである。

会社に勤めていても失職していても父親であることに変わりはない、と子どもたちに言われるような父親であれば、失職したことで何もかも否定されたと考えて自殺に向かったりはしない。これまでは父親が家族を支えてきたわけだが、これからは、家族が父親を支えるというパターンになっていくのではなかろうか。これまでは父親がいるからこそ家族がやってこられたが、これからは家族がいるからこそ父親が元気にやっていけるというふうに考え方を切り替えることが大切になってくる。

精神面での妻の支え

妻について考えてみると、かなり前から、日本の妻は夫を十分に支えていなかったように思う。亭主は元気で留守がいいではないが、働いて給料は持ってきてほしいが家にいられると邪魔になる、あるいは、夫が不名誉なことをして問題を起こしたようなときに、夫に家にいてほしくないということがしばしば見られた。

外国では、汚職をしたり、社会的に排斥されるようなことをした夫であっても、妻が、私は最後まで夫を支えますと宣言するのはよく見られることである。アメリカでクリントン大統領の火遊びが問題になったときのヒラリー夫人や、イギリスでジェフリー・アーチャーの買春問題が起きたときのメアリ夫人の態度は見事なほどだった（その裏で何を考えていたにせよ）。もっとも、日本では妻が夫の場所にしゃしゃり出てこないのが習慣であるから、夫を支えるなどとあえて言わないのかもしれないが。

しかし、最近の週刊誌などをにぎわすさまざまなゴシップや曝露記事を見ていると、夫が犯罪や不名誉なことを犯したあと、妻が黙って夫と離婚し、実家に帰ってしまったり、夫もそれに逆らわず、孤独にひとり暮らしをするようなことも珍しくなくなっている。

日本の妻は、収入という面では夫を頼りにしているが、精神的に夫を積極的に支えていくという意識が薄いのではなかろうか。夫に支えられたい、経済的にも精神的にも支えられたいという妻の側の願望はいま非常に強くなっているが、これからは、夫に何かあったときに妻が支えるという必要も増えていくはずである。

精神的なことは別にして、経済的にだけ見ても、若いときに妻が働いて、夫が資格を取ったり勉強したりするのを支えるというのは、イギリスなどでは若い夫婦のあいだによく見られることである。日本でもかつては、夫が大学を卒業して収入を得られるようになるまで、妻が家計を支えるということはしばしば見られた。

しかしこれからは、中年で失職したときに妻が夫を支える必要が出てくるだろうし、夫が退職したあとも、妻のほうが若ければ働いて生活を支えていくことも必要になってくるのではないか。

経済的にも精神的にも夫が家族を支えるだけでなく、妻も必要な場合にはありとあらゆるかたちで夫を支えるというのが、愛情を基盤とする結婚のいちばん大切な点ではなかろうか。

娘が大人になっても金持ちの親に頼っていることと、夫が妻を、妻が夫を頼ることとはまったくちがう。前者の場合は、すでに社会的に成功し、経済的に豊かな親に娘が一方的に寄生虫のように依存し、親も娘を甘やかし、自分の手から離さないようにして、その裏で娘に老後の面倒をみてもらおうと期待しているのである。これにたいして夫婦の場合には、夫も妻もゼロから出発して、愛情という基盤の上に共同して家庭をつくりあげていくもので、互いに相手を必要とするのである。

結婚相手に親と同じだけの豊かな生活、物質的に恵まれた生活をさせてくれる男性を望む女性（親もそうだが）は、自分を永久に自立しない、他人に依存する存在でいいと考えて、親の代わりとなる夫を探しているのである。そこには、愛情をもつふたりがともに助け合うという結婚の理想はかけらも存在しない。

欧米の結婚式では、雨の日も風の日も夫婦は死ぬまで助け合わなければいけないという誓いの言葉を言わせるが、これからの日本の結婚生活のなかにも、百パーセントそのとおりにはいかなくても、そういう要素が必要になってくるのは明らかである。

夫だけが妻や家族を支えるというのではなく、子どもを含めた家族が父親を、あるいは父親も含めた家族が母親を支えなければ、本当の意味での夫婦ではないし、家族ではないというふうに考えられるようになっていくべきだと思う。それが、恋愛や愛情を基本とする結婚のあり方ではなかろうか。

16 父親が父親であるためには何をすればいいか

子どもが感心する業を身につける

サラリーマンを父親に持つ子どもには、外で働いている父親の姿が見えていないと言われてきた。父親が外で何をしているのか、どんな仕事をしているのかを子どもたちはほとんど知らない。子どもを会社に連れていき、自分の働いている姿を見せたとしても、サラリーマンの仕事の場合、職人やお店の場合とは異なり、電話をかけたり、頭を下げて説明しているのがどうして仕事につながるのか、それがなぜ給料になるのか、子どもには理解しにくい。あるいは、お父さんは会社の部長だよと母親が言っても、部長って何？　部長ってどんな仕事をするの？　部長って課長とどうちがうの？　という子どもの質問に、父親も母親も簡単には答えられないだろう。

私は子どものとき、父親は「カブ」だけを売っている八百屋だと思っていた。証券会社の社員のことを、当時は「株屋」と言っていたからである。野菜のカブを売っているわけではないと聞かされて、がっかりしたことを覚えている。

父親がサラリーマンとしていくら会社で偉くて収入が多くても、あるいは部長は課長より偉いのだと言ってみたところで、子どもにとっては本当のところ、たいした意味はないのである。それよりも、父親は野球が上手だ、自転車の修理ができるというほうが、子どもにとっては自慢の種になる。課長の父親が市民サッカー大会でゴールをあげたとしたなら、部長よりも課長のほうが偉いと考えるかもしれない。

私がイギリスへ行ってすぐに部屋を借りた大家さん一家は、夫は四十代半ばで、夜間の大学生だった。勤めていた会社をやめて、小学校の先生になるべく勉強している成人学生だったのである。妻は福祉事務所でフルタイムで働いていて、彼女の給料と間貸しの収入とで、子ども三人の五人家族の家計を賄っていた。

食べ物は量はたっぷりだがとくにごちそうはなく、着るものは丈夫で長持ちするものをこまめに手入れして使っていた。家具やじゅうたんも古道具屋から買ったもので、次にお金が入ったら、もうひとつ椅子を買おう、階段の下にも敷物を敷こうなどと、ことあるごとに子どもたちをまじえてみんなで話し合っていた。

夜間学生の夫は、昼間はアルバイトで少しはお金を稼いでいたが、あとは炊事、洗濯から掃除まで家事をすべてこなし、週末には、男の子ばかり三人の子どもと近くの公園にサッカーをしに出かけていた。このときに十三、四歳になっていた長男は、ボールを蹴ることでは父親に及ばなかった。一日じゅう泥だらけになりながら、子どもたちにボールの蹴り方や走り方を教え、みんなくたくたになって、お腹をすかせて夕方に家に戻ってきた。

父親に収入がなく、家計を担っているのは母親であるにもかかわらず、子どもたちはいつも父親を尊敬の目で見ていた。しかも、サッカーだけでなく、ペンキ塗り、暖炉器具の取りつけ、自転車や自動車の修理など、何でもやってのける万能の父親だった。

いたずらをしたり、悪さもけっこうする三人の男の子のしつけも父親の役目で、父親に寝なさいと言われて三十分たってもまだベッドに入っていないと、子どもたちは、父親にスリッパでお尻をたたかれて悲鳴をあげていた。父親は子どもにとって、腕力や実践能力においてヒーローになるものなのである。

だから、大学教授の父親などは、本ばかり読んでいて何もできないと子どもからはばかにされがちであっても、ときにバーベキューをやって腕前を披露したりすると、とたんに尊敬されるようになることがある。日本の大学で事務職員をしている私の知人は、その大学で働くようになって三十年になるベテランであるが、休暇や週末にはボーイスカウトの指導員をやっていて、何十人もの男の子を連れてキャンプに行ったり水泳訓練をしたりと、戸外での活動をすることで、自分の子どもだけでなく、他の男の子たちからも崇拝されている。

子どもに見せびらかすために腕に技術をつけろとは言わないが、父親が子どもの尊敬を得るためには、何かひとつでも日常の技能を備えていることが大切なのではなかろうか。それによって父と子の関係が密になるのは間違いない。

社会で評価される父親に

バブル経済の時期には、十万人に近い数の日本人がイギリスに長期滞在していた。なかでも会社の駐在員の多くは家族連れだった。夫はイギリス時間ではなく日本時間に応じて仕事をしなければならず、日本との電話やテレックス、その他の仕事で夜遅くまで働き、休日出勤も多かった。だから、家庭にいるのは妻と子どもだけということが多かった。

そうした日本人の妻は、しばしばイギリス人の大家さんに同情されたり感心された。同情というのはわかるが、なぜ感心されたのか。それは、棚の吊り金具が壊れた、ドアの蝶番が外れた、ペンキ塗りが必要になったというとき、夫は何もできないが、妻は何でもできるんだと大家さんが考えたからである。何かが壊れたりすると、夫はおーいおーいと妻を呼ぶだけで、自分では何もしないということがイギリス人のあいだで評判になったのである。

日本人の夫のなかには、イギリス人に倣って、イギリスにいるあいだにＤＩＹ（Do it yourself）のテクニックを学んだ人もいたようだが、たいていは時間があればゴルフに出かけてしまい、日常生活ではほとんど役に立つことがなかった。イギリスではＤＩＹを実践していた駐在員も、日本に戻ってくると、近所の目を気にしてやらなくなることが多かったようだ。

男性が地域社会に足場をつくりたければ、何か役に立つ技術を身につけ、必要とされるときに人の役に立つことがいちばん手っとり早い。難しいことでなくてもいいから、電球の取り替え、エアコンの掃除、壁のカビ取り、障子の張り替え、襖の修理など、ごく日常的なことで十分なのである。最近はなかなか修理にきてくれないから、イギリス人ほどでなくても、気軽にみんなの役に立ってくれる人というのは、地域社会で重宝されるはずである。たとえ鍵の上下をとりちがえても、壁にかけた絵が多少かしいでいようと、してもらった人は大変ありがたがるにちがいない。もちろん、老人ホームの老人たちが出かけるときにマイクロバスの運転をするとか、足の不自由な老女性のために買い物をしてやるなどのボランタリー活動も大切なことである。

たとえ人づきあいのよくない人でも、小さな仕事を介して人びとと話をするようになり、打ち解けるようになるだろう。それは、会社の中で重要な仕事のできる人物として認められたときと同じくらい、いやそれ以上に、人間として価値のあることではなかろうか。

会社に所属する人間として○○課長と呼ばれたり、あるいは誰ちゃんのお父さん、誰さんのご主人という呼び名ではなく、名字に「さん」をつけて呼ばれるようになり、ひとりの男性としての価値が上がるのである。

地域で仕事のできる父親は、ボランタリー活動であろうと、収入をともなう仕事であろうと、人間としての顔をみんなに見てもらえるのである。

第五章　老人は生活を楽しむだけでいいのか

17 孫を台なしにする祖父母たち

目にあまる孫いじり

大泉逸郎の「孫」という演歌が大ヒットしているそうである。孫はなんでこんなに可愛いのか、じいちゃん、あんたにそっくりだよと言われてうれしくなって目尻がさがる。仕事一途で、おまえの父親には父親としての役目を果たせなかったので、いまその役目を孫のおまえに返してやる、といった歌詞である。

なぜこの「孫」という歌に人気があるのだろうか。子育てに失敗したというと言いすぎかもしれないが、夢中で子育てをやったけれど、子どもが必ずしも自分の思いどおりにならなかったとき、年とってから、あらためて孫を自分の思いどおりに育てたいと思うからなのか。

両親が厳しく子育てをしている場合は、祖父母が多少、孫を甘やかしても深刻な問題にはならない。むしろ、厳しい両親と甘い祖父母とのバランスがとれて、いいかもしれない。少しの毒は薬になるということもある。

私の兄は幼いころ体が弱く、両親はこの長男のことを大変心配していた。お腹をこわさないように、風邪をひかないようにと、あれを食べてはいけない、薄着をしてはいけない、襟巻を忘れないように、厚い靴下をはくようになどと、いつも気を使っていた。疫痢や百日咳など、当時、子どものかかる病気をすべてやったあと、なかなか元気にならない兄は、東京を離れて田舎の祖母のもとへ預けられることになった。祖母は男の子八人を生み育てた育児のベテランだった。

そのころの田舎のこととて、すぐに駆けつけてくれる医者もいなければ、衛生を監督する人もいない。大都会の東京から離れての田舎暮らしで、母親からは禁止されていたバナナやアイスキャンデーもここではかまわないとされ、冷たい流れに足をつけて魚を追ったり、スイカの食べくらべをしたり、夜遅くまで花火をやったり、東京の親が聞いたらショックで気を失うような荒っぽい生活をひと夏して、兄はすっかり丈夫になって東京へ戻ってきた。そして、以後、毎年夏休みには「田舎のおばあちゃん」のところで過ごすのが習慣となった。

こういうことは昔はよくあった。祖父母が孫を「宝もの」と思っていたかどうか知らないが、子育ての大先輩として、未経験の若い夫婦に手を貸したのである。

反対に困るのは、祖父母が親に代わって孫を自分の思いどおりに育てようとしたり、猫可愛がりすることである。祖父母が自分の楽しみや喜びのためにだけ孫を道具に使うとなると、母親が子を甘やかすのと同じく、あるいはそれ以上に悪い結果をもたらす場合が少なくない。祖母と曾祖母がひとりの孫をおもちゃのように扱って、十歳になっても、朝夕、洋服の着替えをしてやって、その子はひとりではパンツさえはけないようになったという話を聞いたことがある。

確信を持ってやっている両親の子育てを祖父母が台なしにするというケースが最近増えている。貯金がたくさんあり、老齢年金もたっぷりもらっている六十代の恵まれた祖父母が、一人か二人の孫を自分の思いどおりにしようと、孫にお金を注ぎ込むということがよく見られるのである。孫をいい学校に入れるために、塾に入れたり家庭教師をつけたりする費用を祖父母が出したり、高価なおもちゃを買ってやるのはもちろん、海外旅行に連れていき、ぜいたく品を買い与えるなど、お金でできることは何でも祖父母がしてやろうとする。孫の親、つまり祖父母の子どもである若い両親は、もともと親に依存する傾向が強いうえに、祖父母に反対するのは面倒だからと、結局は祖父母の言いなりになり、祖父母は孫を自分の思いどおりにしてしまうのである。

しかし祖父母には、親を越えて孫を教育する権利も義務もない。よけいな手や口は出さないほうがいい。ゲートボール、温泉、海外旅行、カメラ、趣味など、いろいろやったけれどすべて飽きたからといって、生活の充足感を孫いじりに求めるようなことがあってはならない。

よくも悪くも、子育ては親の仕事である。親の相談に乗り、必要とされるときに最小限、手を貸してやるのはいいが、主役はあくまでも親である。ましてや孫に小遣いを与えるなど不必要なことを祖父母がすれば、害になるだけで何の利もない。もしお金がたくさんあるのなら、自分の楽しみに使うとか、何もかもし尽くしてしまったというのなら、社会の役に立つことに寄付すればいい。

孫はお小遣いをもらえばうれしそうな顔をするだろうが、お金で子どもの歓心を買おうとしてはいけない。孫は、笑顔を見せればお金をもらえると知れば、世の中は甘いものだと考えるようになるかもしれない。祖父母は自分のお金とエネルギーの使い道を孫以外のところに考えるべきである。もし孫とつきあおうと思うなら、孫に自分の持っている技術や道具の使い方を教える、あるいは、自分のたどってきた歴史を教えることがいちばんである。

昔、テレビはもちろんラジオすらないころ、私の家では、子どもの楽しみのひとつは祖母の話を聞くことだった。冬には、おばあちゃんの部屋をこっそり訪ねて、火鉢のまわりに座って昔話をしてもらったり、祖母の幼いときの話を聞いた。昔は牛肉などほとんど食べなかった、たまに食べてもおいしいとは思わなかった、牛乳はくさくて、とても飲めなかった、トマトも嫌いだったなど、そうした食べ物が昔からあったと考えている子どもたちが驚くような話をしてくれた。江戸っ子のおばあちゃんのいる家では、明治維新で徳川さんが瓦解し、上野の山で戦争があったことを話してくれたという。

さらに、私の祖母は和紙で「コヨリ」を作ってくれたり、火鉢でモチを焼いてみせてくれたり、炭火のおこし方も教えてくれた。いまでは何の役にも立たないと思う人がいるかもしれないが、これらはインターネットでは絶対におぼえられないことであり、手をとって教えてくれたからこそおぼえることができたのである。知識というよりも、手や指をいかに巧みに動かすかという感触の問題であり、ものをよく観察することでもあり、そういう心得は一生、何かで役に立つものなのである。

人生経験を孫に教えることの価値

何年か前のことだが、東京で電車に乗っていたとき、たまたま隣に座ったふたりの老女性の会話を小耳にはさんだことがある。そのうちのひとりの女性が、二泊三日の温泉旅行から帰ってきたところで、温泉旅館が楽しかった楽しくなかった、近所の誰々がどうだったというような話をもうひとりの女性に話していた。すると相手の女性が、じつはおとといの晩、演歌歌手のリサイタルを聴きに行く予定があったのだが、チケットが三千円もするので、そのお金を孫にやればさぞ喜ぶだろうと、行くのはやめにした、と言ったのだ。思わず私は、リサイタルへ行ったほうがよかったですねと言いかけて、口をつぐんだ。

孫はたぶん、親から十分に小遣いをもらっているはずで、余分なお金をもらっても、結局は無駄に使うだけで、けっしてためにならない。お正月や誕生日は別だが、それでも「便利な」お金よりも、日常生活に使うもののほうがいいのである。お金をくれなければ、おばあちゃんやおじいちゃんに会いたくない、笑顔も見せたくないという態度を孫がとるようになったらおしまいである。

それに反して、孫に技術を教えたり、歴史を教えたりすることで、祖父母は孫の尊敬を勝ち取ることができる。それまで知らなかったおじいちゃんやおばあちゃんの過去を知り、技術をおぼえ、おじいちゃんは偉いんだね、おばあちゃんは偉いんだね、いろいろなことができるんだね、いろいろなことを知っているんだねと孫は感心すること間違いない。ある面では学校の先生以上にいろいろなことを知っていて、先生以上にいろいろなことができると高い評価を下してくれるだろう。

最近は、子どもたち、つまり祖父母の孫は、親よりももっと年上の年齢層の人とまともに話をする機会がなかなか持てない。子どもがそういう機会を持つことは、大変に大事なことであり、それはまた老人にとっても有益である。孫の質問や感想を知ることで、自分たちも若返ることができるからである。

孫と祖父母が五十年、六十年の年齢的な隔たりを越えて互いに理解しあう、何かを感じあう、コミュニケートしはじめるということは、家族に連帯をもたらす大切な営みなのである。

18　老人でなければできない社会的役割がある

「子ども返り」してもいいと思ったら大間違い

老人が長生きするのは大変結構なことである。いまでは女性の平均寿命は八十四歳、男性も七十七歳（一九九八年現在）にまで伸びている。八十歳まで生きるのがふつうになった今日、人びとは、定年退職する六十歳や六十五歳からあとは何もしなくていいのだろうか。

昔は、仮に十五歳から働きはじめたとして六十歳になったときには四十五年間働いたことになるから、やっと仕事が終わってほっとしたということがあったかもしれないが、いまでは、大学を出て六十歳まで働いても、息切れがしたり体力がなくなるなどということはないだろう。むしろ、まだ仕事ができる、これからまだ仕事をしようという意欲があるときに退職になることが多いのではなかろうか。

六十歳で仕事をやめて、還暦を経て「子ども返り」をして、あとはのんびり楽をして、自分の好きなことだけをして過ごす、それが理想だと思う人はあまりいないだろうが、仮にそういうことを考えるとしたら、それは間違いである。八十歳まで生きるとしたら、その死の直前まで働くことが人間にとって大切なのではなかろうか。たしかに高齢者にはさまざまな身体的な障害が出てくる。しかしそうした障害があっても、必ずしも働くことのさまたげにはならない。足がちょっと不自由になった、膝が痛いなどの障害を持つようになっても、意欲さえあればまだまだ元気で働けるはずである。

現在、六十代半ばぐらいで定年退職した人たちの多くは、一九六〇年代、七〇年代の高度経済成長期にサラリーマンとして働いてきた人たちである。彼らの多くは、猛烈社員として働いてきたにちがいない。働けば働くほど会社が繁栄し、給料もよくなった。いわば、いい時代のサラリーマンであった。

戦後、日本人、とくに男性は、経済のことだけを考えていればいい、国としてやるべきことは経済発展だけであると信じて、会社と自分の懐のことだけに関心を集中させてきたように思う。いちばん大切なのは自分の生活、あるいは自分の家族の生活ではあっても、自分に収入をもたらしているのは会社だから、業績を向上させることだけを目標に働いてきたのである。

その前の世代、あるいは前の前の世代は、私《わたくし》を犠牲にして公《おおやけ》のために尽くしたり、国や集団を「個」に優先させてきた。ところが一九六〇年代、七〇年代を過ごしたサラリーマンは、それとはまったく反対に、公のことや国についてはいっさい考えないで、それは他人に任せて、あるいはアメリカに任せて、自分の出世、会社の発展だけを考えて過ごしてきた。その結果、定年までに彼らはたっぷりと貯金をし、小さくても遠くてもわが家を手に入れ、定年退職後には他の先進国と比較して遜色のない老齢年金を手にした。彼らの努力は、経済的には十分報いられたわけである。

これらの高齢者たちは、退職していったんは目標を失うことがあったかもしれないが、すぐに高齢者の消費ブーム、遊びブームに乗って、遊ぶことに生きがいを見つけるようになった。ゴルフ、ゲートボール、老人クラブの旅行、カラオケ、温泉めぐりなど、彼らは積極的、精力的に遊んだ。アマチュア・カメラマンや、アマチュア画家として、労を惜しまずにどこにでも出かけていったし、グループで行動することも多かった。

桜の花見どき、東京の九段のあたりを朝七時ごろに歩いてみると、すでに、立派なカメラや三脚や、いろいろな道具をいれたバッグをかついだ退職者とおぼしき人でいっぱいである。妻を供にしている人もいて、絵はがきのシーンにぴったりの場所はこれらアマチュア・カメラマンの場所取りで大混雑。公園ではたった一輪咲いた見事なバラの花を十人、二十人のアマチュア・カメラマンがとり囲み、シャッターチャンスをねらっている、というぐあいである。

夫が退職したあとの妻も、これまた夫以上によく遊んだ。それまで夫が働いているという制約のもとで身を慎んでいたのが、いまや夫が毎日家にいるとなれば、小うるさい夫の要求や夫の面倒をみることから逃れたい。そのためにも遠出して、思い切り自分だけの楽しみに没頭するということになったのである。もちろん、それは悪いことではないが、際限なく費やされる時間とお金とエネルギーに、周囲の人たちはしばしばあきれかえったものである。

二カ月に一度、三カ月に一度は海外旅行に行くという年とった女性も珍しくない。世界じゅうほとんどの国を歩きまわった、行きつくしたという人もいる。恐るべきエネルギーである。イベント屋や旅行会社も、退職した夫やその妻をターゲットに魅力ある旅行プランを立てた。面倒なことは何もしなくてもいい、横文字も覚えなくていい、地図を見なくてもいい、何の手続きもしなくていい、ただ楽しい思いをして、写真を撮って思い出をつくればいい、少しばかりおみやげを買ってくればそれでいいという旅行プランである。

こうした高齢者や六十歳以上の定年退職をした人たちがしたかったことは、無限の富があるわけではないが懐具合はかなり裕福だから、許すかぎり気楽な消費活動をすることだった。発見がなくてもいい、大した刺激がなくてもいいから、旅行から家に帰って、楽しかった、あれも見たこれも見たと言えさえすればよかったのである。

旅行に飽きると、次はお稽古事である。いまでは、ちゃんとお金さえ払っていれば、何をやっても年寄りの冷や水などと人びとから笑われることはない。民謡や盆踊りの稽古だけではもの足りず、フラメンコから社交ダンスまですべてに精を出した。健康のために、あるいは夫以外の男の人と接触できて刺激になると、一石二鳥ならぬ一石三鳥、四鳥をねらって遊びまわった。すべては、自分のため、自分の楽しみのためだった。

また、健康と長生きは高齢者の念願であるから、体にいい食べ物、漢方薬、民間療法と、何でも試してみた。健康セミナーや予防医学の講演は、これらの人でいつもいっぱいだった。地方自治体がこれに目をつけ、生涯教育という活動分野を設けた。すべてが老人のためのセミナーである。そして、老人のために箱ものづくりに精を出し、「〇〇センター」と称する立派な建物をつくった。これが地域の高齢者対策として人びとにもてはやされた。

高齢者がいちばん恐れているのは老人性痴呆症や体の障害であるが、もしそれが起こったときには、なんとしてでも息子や嫁や娘に看護してもらわなければならないと考えていた。けっして社会的に介護されようと思ったり、他人に介護されようとは思わなかった。娘や息子に介護をしてもらうために、二世帯住宅を考えてみたり、子どもにマンションを買ってやってご機嫌をとり、孝行心を買おうとしてきたのである。

こうして高齢者たちは、自分の楽しみと長生きのために全力を尽くし、それは報われたと思い込んできたのである。

「自己中心」老人が多すぎる

これら豊かな中流生活をしている老人、高齢者を見ていると、彼らには六十歳以後、定年退職以後には、楽しむこと以外に何もないのだろうかと思いたくなる。日本の「子ども天国」は、子どもがどんなに自分勝手をしようと、わがままに振る舞おうと、自己中心的であろうと、子どものときしか楽しめないからという理由で何をしても許されているが、「老人社会」もまた、ひたすら楽しんでいればいいと考えられているようである。

日本が貧しくて辛いことの多かった時代には、定年を迎える人たちが退職したら楽しもう、年をとったら初めて自分の楽しみがもてるのだと考えていたとしても責めることはできない。しかし貧しさから脱し、世界でも羨ましがられるほどの金持ちの国になっても、彼らは以前と同じように、これだけ働いてきたのだから、これだけ苦労してきたのだから、退職したあとは社会や国のことは心配しないで、自分のことだけを考えていたい、自分の楽しみだけを追求したいと思っているようである。

しかし考えてみれば、いま六十代後半の世代、あるいはそれ以上の世代の人たちが育てた世代、そしてその次の世代が四十代の半ばを占め、その下につづく世代が二十代半ばであり、さらにつづく世代は小学校に上がるぐらいの年齢である。そうした若い世代が直面している社会状況は以前とちがってかなり混乱し、不安な状況になっている。日本は二十一世紀にどこに向かって進むのだろうか、世界でどういう地位を占めるのだろうか、ほかの国々と協力してやっていけるのか、世界の物笑いにならないのかと、多くの日本人が疑心暗鬼になり、不安に思っている。

六十代後半以上の人たちは、たしかによく働いてきた。教育も道徳も日本文化も顧みず、とにかくお金になることだけ、お金儲けのためにだけ働いて成功した。しかしその一方では、そうした盲目的な経済活動が、いまの日本の社会の混迷を生みだしてきたことも事実である。それなのに、いまは現役でないから、自分たちには関係がない、自分たちは知らないと言い切れるのだろうか。

もちろん高齢者のなかには、日本の将来のこと、日本の社会の混迷についていろいろと考えたり、心配している人たちもたくさんいる。自分たちがお金儲けのことだけを考えてほかのことに目をつぶっていたこと、それはよかれと思ってやったにしても、結局は悪い結果を生じたのではないかと心配し、悲しんでいる人たちもいる。

しかし大多数の人は、いまの若い人は理解できない、マナーがなってない、真剣さが足りない、我慢が足りないと非難するだけで、自分たちが率先してそれを変えていこうと努力をする気持ちはさらさらないように思われる。

自分たちが生きてきた社会や歴史を顧みて、それを誇りに思うならば、その社会を維持していくために、もし何か悪いところが目につけば、それを是正しなければならないのは当然のことである。高齢者は若い人よりもはるかに、そうした問題に関して責任と義務を持っている。しかも自分がやってきたことの結果なのだから、それを無視することはできないはずである。自分たちの個人的な楽しみや、人に介護してもらう養護してもらうことを考える前に、若い人にいい模範を残し、若い人をガイドするという大切な仕事があるのではなかろうか。

これからの日本は、六人に一人、五人に一人が六十歳以上という高齢社会になると言われ、「老老」介護があたりまえになると予測されている。そうした時代にあって高齢者は、体力がつづくかぎり、頭脳がしっかりしているかぎり、若い世代、さらに二、三世代下の世代のためにできるだけの指導をし、忠告をする義務があるのではなかろうか。昔は、口うるさいおじいさんやおばあさんがどこにでもいて、若い人に嫌われながらも、大事が起こったときには忠告を求められてきた。長い体験という貴重な財産を若い人に残そうとしてきた。

若い人に残すのは、お金だけではいけないのである。人間として尊敬される高齢者が増えることが、若い人にはなによりの教育になるだろう。年老いても社会に尽くし、国や世界にたいして義務を果たしていく高齢者の姿こそ、いまの日本の若い人に、手本として最も必要なものかもしれない。若い人の教育云々と言うときに、目の当たりにするべき模範がないということが、若い人にとって大変なマイナスになっていることは間違いない。

そこそこの充足感で満足していていいのか

日本の高齢者の非常に多くの人が、いま、欲しいものが何もないと言う。

不況脱出のためには国内の消費を増やさなければいけない。そのためには、キャッシュを持っている老人が財布のひもを緩めるようにしなければならないと言われているのに、老人に訊いてみると、もう買いたいものは何もないという答えが返ってくる。家も車も着るものも食べる物も、何でも持っている。格段にいいものではないが、「そこそこのものは持っているから、もう要らない」と言うのである。

「そこそこ」とは、なんと嫌な言葉だろう。そこそこの美人で、そこそこの学校を出て、そこそこの会社に勤めて、そこそこの給料をもらって、そこそこの男と結婚して、そこそこの子どもを持ってというふうに、何でもそこそこなのが日本の中流なのである。そこそこのものを買わずに、ぐっと我慢してお金をためて、とびきり上等なものを買えばよかったとは思わないらしい。そこそこの学校などに行かずに、必死で勉強してすばらしい学校へ行けばよかったのにとは思わないらしい。つまり、人と同じがいいのである。あの人もこの人も持っている、それと同じものが欲しいという横並びが、いちばん安心できるということらしい。

日本は戦後の物のない時代——暖房もなく、ろくな家にも住めず、着たきりすずめ、いつもお腹をすかせていたような「原始時代」から、もう欲しいものがないと九割近くの人が言うほどの「飽食の時代」に、わずか五十年でなってしまった。これは、世界的にみると異様なことである。飽きるほど食べ、冬は暑すぎる、夏は寒すぎるほどに暖冷房を使用し、どこへ行くのも電車か自動車、そして各地に空港もある。貧しい国の人の目には、日本は夢のような国に見え、日本人はみんな満ち足りて幸福なのだろう、不幸なわけがないと映るにちがいない。しかし、その日本に暮らしている人びとのあいだに、何かしら不満があるように見えるのはなぜだろうか。

他人が信頼できない、お金がなければ何もできない、若い人の行儀がなっていない、誰も話す相手がいない、若い連中が勉強も嫌、働くのも嫌と言っている。なんとなく家でごろごろして、それでも飢えるわけではないが、これといった感激もない。感激が欲しい、何か感激することはないだろうかと、いたずらにテレビを見つめている。持てる者の悩み、豊かな社会の不満といえば、それまでだが。

子どもをうまく育てるためには、三分の飢えと寒さが必要だと昔から言われてきた。しかし豊かな時代にあっては、大人にもそうした少しの飢えや寒さ、そして少しの緊張が必要なのではなかろうか。そういうものがあってはじめて人びとは、物を大切にし、規律ある生活をするようになるのだと思う。

与えられたものに感激し、感謝し、他人にも恵みを分け与えようとするのは、少しの飢えや寒さを知っている人なのである。

いま日本国内には、貧しさや悲惨な状況はほとんどなくなってしまった。大変結構なことだが、世界には、医療のないことに苦しみ、裸足で暮らし、寒さにふるえ、危機のなかで暮らすなど、貧困や苦難に見舞われている人びとがいまだたくさんいる。

海外旅行をする日本人は多いが、そのほとんどが旅行会社のお仕着せの旅行である。自分では何もせず、困ることも不自由なこともない、国内でぬくぬくと暮らしているのと同じような旅行をしている。ひたすら簡単で便利で怠け者がするような旅行をやっている。すべてに安泰な日本ではさして必要ではないと思われている自己管理能力、危機管理能力、危機を察知する能力を、海外にいれば試すことができるのに、若い人までが自分の能力を試す努力をしていない。テレビや映画やパソコンの画面で見るバーチャルリアリティーと同じように、バスの外、ホテルの外に見える異国の様子をなんとなくぼんやりと目にして日本に帰ってくるだけなのである。

美田を残すより社会貢献を

若い人にとっても、年老いた人にとっても、いったい生きがいとは何なのだろうか。私たちは長いこと、自分さえよければいい、自分さえ満たされていればいいと、自分のことだけを考えて生きてきた。しかし自分だけが満足しても、そして、それで何が悪いんだと開きなおることはあっても、本心では、それ以上の何かを求めているのではなかろうか。それ以上の何かとは、他人とのつながりだろう。

家庭にあっても、多くの人が、家族とつながりを持たないのがふつうになっている。家族とのつながりを持つことさえも稀になっているのだから、まして他人とのつながりはなくなっている。他人とのつながりは、互いに助け合ったり、協力して何かをするときにいちばん強く感じられるものである。自分から他人に何かを与えることなくして、人からもらうことばかりを考えていたら、つながりや結束は得られない。

他人に与えるもののなかには、もちろんお金も含まれている。しかし、前にも述べたように、老夫婦が孫に小遣いを与えて、孫の歓心を買うというようなことでは満足感は得られないだろう。自分が汗水たらして築いた財産を社会事業に寄付したり、地域開発に提供したり、がん克服の研究の一助にしてもらえば、満足感はもっと大きくなるにちがいない。報いを求めない善意の行為に、人びとはひそやかな満足感を抱くことができる。しかし、寄付行為は誰にでもできるわけではない。それならば、どうすればいいか。

毎日の生活のなかでの自分ができる範囲での充足とは、誰かのために何かをすることである。「誰か」「何か」は必ずまわりにあるはずである。端的にいえば、社会に奉仕することである。自分のことだけ、自分の家族のことだけを考えるのをやめて、もう少し広く社会のことを考えて、自分に何ができるかを考えてみたらどうだろう。

いま日本は、欠乏というもののない、貧しさのない時代にあるが、かろうじて日本に残っている自然の美しさ、自然の尊さをこのまま子や孫に残していけるかどうかの瀬戸際に立たされている。経済優先のもとで、自然が破壊しつくされてしまわないだろうか。日本の歴史や文化は、日本人の誇りとして若い人に継承されているだろうか。そういうことを考えてみる必要があるのではないか。

自分が誰かのために、あるいは社会や国のために、小さくても大きくても何かができることで人とのつながりを感じ、自分は孤立しているのではない、社会のなかでひとりぼっちではないと感じるようになれると思う。自分が死んだあとにも、自分のしたことが人びとの記憶に残り、あるいは将来の社会を支え、国を支え、未来につながっていくと感じられることが大切なのではなかろうか。子孫に美田を、キャッシュを残すことにくらべたら、はるかに得られる満足感は大きいと思う。

奉仕、貢献という言葉はいまはあまり使われないし、そもそもこうした考え方はあまりにも粗末に扱われてきた。しかし、奉仕や貢献という言葉を古めかしいとか、もうそんなことは必要ないと考えることはやめて、あるいは、日本の歴史のなかで奉仕や貢献があった時代はろくなことがなかったなどというアレルギーから脱して、あらためて自分が社会や国にたいしてどんなことができるのかを考えてみるべきではなかろうか。

物の多さ、豊かさをどれだけ賢く社会に広げ、深め、維持していけるか、生活の潤い、余裕、ゆとりや、人の心の美しさやいたわり合いのために、それらの富をどれくらい利用できるか、知恵をしぼっていくことがいま必要なのだと思う。

19 日本の高齢者はひ弱すぎる

イギリスの老人は頑張っている

日本の高齢者はイギリスの高齢者にくらべてはるかに健康に気をつけているし、毎日運動をしたり、食べ物に気をつけたりして、健康な生活を送っているようにみえる。にもかかわらず、社会への貢献が少なかったり、自分で自分の面倒をみようという決意がなかったりしてひ弱に感じられ、人から与えられることだけを望んでいるように見えるのはどうしてだろうか。

日本では、大家族制度のもとで老人が尊敬され、大事にされ、若いときに一生懸命働いて、あとは子や孫に囲まれていたわられるという伝統があったことはたしかである。しかし、そうした時代の老人は何もしないで遊んでいたかというと、けっしてそうではない。近所の寄り合いのこと、村のこと、町のことなどで、必ず老人は老人なりに社会貢献をしていた。だからこそ、老人になっても、若い人や周囲の人たちに慕われ、尊敬され、大切にされていたのだろう。

日本の老人にくらべてイギリスの老人は、ポケットにあるお金ははるかに少ない。社会保障が充実している国というのは、高い税金を一生払い、何か困ったときには国が面倒をみてくれるということであるから、個人として持っている貯金や財産は、はるかに少ないのである。なかには、親の代や先祖から受け継いだ大きな家を持っている人もいるが、それを売ってお金にしたり、分割して孫に与えることは、制度のうえでも、イギリス人の気持ちのうえからもできないことになっているから、大きな家を持っていても、それを自分の楽しみのために使えるということにはならない。

イギリスの老人たちが誇りにしているのは、いかにして自分で自分の面倒をみて社会の迷惑にならないようにするか、また、社会の資源をたとえ自分にそれを使う権利があっても使わないでいるか、さらに自分にどういう貢献ができるかということなのである。

「老老」介護というのは、日本では悲惨な状況を表す言葉として使われているようだが、イギリスでは、老老介護という言葉こそないが、年をとった人たちが互いに助け合うのはあたりまえのことになっている。会社を定年退職したまだ元気な高齢者は、村のミニバスを運転し、車の運転のできない老人たちを買い物に連れていったり、重い物を持ってあげたり、村の老人クラブで食事をつくったり、何か会合を開いたりと、老人たちと楽しくやる時間を持てるように工夫している。

私のイギリスでの知り合いに、スペイン人の七十歳近い女性がいる。彼女は、ご主人は亡くなってしまってひとり暮らしだが、老齢年金も毎週入ってくるし、家は以前に買ってあったので、食べていくだけのお金には困らない。だから、六十五歳まで家政婦として働いてきた彼女は、いまさら働こうとは思わないが、それでも、何もしていない生活など彼女には考えられないのである。年に一回か二回故国へ帰る以外に旅行をしない彼女は、ふだんはいったい何をしているのか。ほとんど毎日、スペイン政府が運営しているロンドンのスペイン人のための老人クラブへ出かけている。彼女はこのクラブで遊んでいるわけではなく、午後のお茶を出しているのである。午後のお茶はそこに集まってくる老人たちにふるまわれるのだが、ウエートレスを雇うお金は支給されていないから、彼女がお茶をテーブルに運び、こぼしそうな老人や体の不自由な老人には手助けをしてあげるなど、ウエートレス兼看護婦として無償で働いているのである。

彼女に訊いてみると、そうした奉仕で人とつながりを持つこと、同じスペイン人としてほかの老人とスペイン語で話し合ったり、つながりを持つことが喜びなのだという。彼女自身、足の具合が悪いなど年齢なりの故障を抱えているが、それでも休むことなしにずっと働きに出ている。

こうした老人は、イギリスでも、他のヨーロッパの国々でも非常に多い。たとえば慈善事業が活発なイギリスでは、慈善事業で働く老人が男女を問わずとても多い。イギリスでは、慈善事業で集めたお金が福祉活動の大きな資金になっているのだが、そんな慈善事業のなかにはこんなものもある。

福祉の店というのがあって、そこに洋服やハンドバッグや靴、ときには家具や宝石まで、一般の人に寄付してもらって、それを売るのである。福祉の店は小さな町にも必ず一軒や二軒はある。それぞれの店が、エイジ・コンサーンという老人の協会、セイブ・ザ・チルドレンという世界の子どもを助ける慈善事業団体など、それぞれちがう組織に所属していて、それぞれのところで集めたお金を寄付するようになっている。そういうところで売り子として働いている女性は、ほとんどが年金をもらっている老女性である。

彼女たちは、村や町のいろいろな家から集めてきたものを整理し、値段をつけ、できるだけきれいにして、ウインドーに飾ることまですべてをやってのける。たとえば、ふつうなら百ポンドはするようなスカートをわずか五ポンドで売るわけだが、若い人たちが、安値に魅力を感じて店に入ってきて買っていく。彼女たちはそれが楽しみで働いているのである。彼女たちには、ほとんどの場合、給料は支給されていない。だから、一週間毎日働くというわけではなく、月曜日は誰、火曜日は誰と、交代でやっている。ときには、一週間に二日の人もいるが、いずれにしても、売上げはできるだけ多く、費用はなるべく少なくして、できるだけたくさんのお金を寄付しようとしている。

以前に新聞で、福祉の店で働いている八十歳近い女性が、たまたまそこを襲って金を盗もうとした若い男に殴り殺されたという記事を読んだことがある。そのときには、八十歳近いのに、そんなところで働いてお金を稼いでいたのかと思って大変に驚いたのだが、あとで聞いてみると、彼女はボランティアで働いていたのだった。ご主人も退職していて、かなり裕福な家の社会的な地位の高い人の奥さんで、お金のために働く必要はまったくなかったのだが、彼女はそれが自分の誇りであると言って、その店で毎週一日か二日働いていて、たまたま不運に見舞われたのである。

しかしその後、妻が働いていたことについていろいろ訊かれた際にご主人は、「そういうところで働くことが悪いとは思わないし、そこで働いていたためにこんなことになったとは思いたくない。彼女は彼女なりに、いちばんいいと思うことをやって、それが生きがいだったのだから、結果としてこういう事件が起きたことは残念だけれども、でもそれはしかたがないことである」と語っていた。このコメントも立派だった。そんなこともあって、この事件を契機にほかの老婦人たちが働くのをやめるということにはならなかった。

つい最近、イギリスで話題になったことがある。八十二歳のヨガの先生が、八十二歳は年寄りすぎると言われてクビになり、老人組織のエイジ・コンサーンがこれをとりあげて、エイジズム（年齢差別）だと抗議したのである。

この八十二歳の女性は、イギリス西南部の地方委員会が開催している成人教室のなかのヨガ教室の先生だった。言ってみれば地方公務員である。イギリスでは、このような仕事をするときに、履歴書を提出して、いちいち年齢をチェックするようなことはなく、やりたいという人がいて、その仕事に十分な能力があれば、それ以上調査することはない。だから、誰もこの女性が八十二歳とは知らなかったのである。彼女がヨガを教えはじめて二年ほどたったとき――そして彼女はとても人気のある先生だったという――、偶然、彼女が八十二歳ということがわかり、この地方委員会は六十五歳定年制を守っているので、彼女をクビにした。彼女はそれに憤慨して、エイジ・コンサーンに訴えたというわけである。

押し寄せてきたテレビカメラを前に、彼女はいろいろなヨガのポーズをとってみせた。若い人並みといえるかどうかはわからなかったが、先生として不適格とは思えなかった。目下、彼女はプライベートにヨガの教室を開いて教えているという。

それにしても、なんと元気なことだろう。八十二歳になって、自分でヨガをやるだけでも大変なのに、わざわざ先生として週に二日か三日、生徒に教えるなんて、何を好んでそんなことをしたいのだろうかと考えるのは「日本人的」なのである。教えることにともなう責任と義務、それが彼女にとって大切なことであり、そうやって自分がまだ社会に役に立つ人間であることを確認しているのだろう。

前に、日本の老人はひ弱に感じられると言ったが、これは、私がイギリスで暮らし、イギリスの老人を見ての実感である。しかし体力の点では、イギリスの老人は体は大きいが、北国のイギリスでは神経痛やリューマチなど、多くの老人がそれなりに故障を抱えている。しかも、日本人ほど健康に注意していないから、どうしても油ものを多く食べたりして、心臓病も日本よりはるかに多いように思う。そうではあっても、できるかぎり自分で自分の面倒をみるし、頑張る。こういう点でイギリスの老人のほうが強いと言っているのである。

老人が若い人に手本を示すべきだ

老人の介護を社会的にするというのは大変結構なことだし、今後の日本で、老人介護が家族によるものから社会が支えるものになっていくのは避けられないだろう。しかし、大きな不安がある。

いまの制度のもとでは、お金を払っているのだから、なるべく早く悪くなってしまったほうがかえって介護がたくさん受けられる、あるいは、介護を受けたほうが得であると考える人が出てくるのではないか、ということである。私はかつて社会福祉の仕事をし、勉強もしてきたが、その経験からいえば、社会福祉というのは、税金を払ったり保険料を払ったりしていても、それぞれの人がその世話にならないでいられることを誇りに思えるようでなければ必ず失敗する。福祉を受ける側に自立心がないと、往々にして、元をとらなければ損だというお金だけの問題になってしまうのである。

そうならないためには、介護そのもののあり方を考えなければならない。国なり社会なり制度なりが手を貸して、高齢者が重症になる前に、できるだけ自分の力で生きていくことができるように手助けするのが本道である。

仮に重症になっても、自分ができることはできるだけ自分でやる。そして、たとえば老人ホームや病院にいるのであれば、隣のベッドの人のために自分ができることがあったら手助けをしてやるというように、ちょっとしたことでもいいから人を助ける心構えを持つことこそが、社会そのものを生きやすくするのだと思う。これはまた、老人自身の誇りを支えていくためにも大切なことではなかろうか。なるべく人に手をかけさせるように、看護婦さんに何もかもしてもらうように、わざとベッドから毛布を落としたり、自分のできることをしない老人がいるが、こうした甘えは自立心のなさ、誇りのなさからきている。

これから日本がさらに急速に老人社会になっていくとしたら、老人が助け合ったり、老人が社会のために貢献するという心構えがなければ、人にもたれかかることだけを考える、依存症の老人ばかりをつくり出すことになってしまうだろう。そして、いまの日本の社会の大きな病となっている甘えや依存症が、若い人から高齢者まですべてに行きわたってしまうような気がする。

老人がいい見本を若い人に示すという意味でも、自分たちが生きがいを感じたり、誇りを感じるという意味でも、よく考えてもらいたい問題である。

第六章　子どもの生きる力はどうしたら生まれるか

20　子どもを私物化してはいけない

自分の子だけはという発想が不幸をまねく

わが子を大切に思うのは、おそらくすべての親の素朴な願いだろう。わが子のために、わが子が幸福になるためにと親はいつも願っているにちがいない。結果として、親のやったことが子どもを不幸にしたり、よい影響を与えないということはあるにしても、はじめからわが子の不幸を願う親はいないだろう。

いま、奇妙な恐るべき事件が報道されている。少女を誘拐して、九年間以上、街中の自宅の二階に閉じ込めておいたという事件である。この男は母親と一緒に住んでいて、働きに出ないで、暴力をふるっていたという。母親は七十歳のいまも働きに出て、毎日の食事づくりをして二階に暮らす息子に届けていた。しかし、二階の息子の部屋に少女が閉じ込められていることは、この九年間まったく知らなかったと言っている。息子はすぐに暴れて殴ったり蹴ったりするので、母親は恐ろしくて何も尋ねることができなかったのだという。

性的な犯罪の前歴がある息子を恐れて母親が何も言えなかったということはあったにしても、その親子が住んでいる家の異常さを、近所の人も薄々は知りながら、何の助けの手も出さず見逃していたということが理解に苦しむ。

息子が暴力をふるって困ると母親から相談の電話があったときでさえ、警察も福祉関係の人も調査すらしなかったと言われている。これはプライバシーの尊重ということから出たものではない。他人のことにかかわりたくない、よほどの迷惑がかからないかぎり、他人がどうなっても知らん顔をしていたほうが自分にとっても都合がいいということの結果だと思われる。

郊外のニュータウンで少年犯罪が多いのは、ニュータウンには地域社会が存在していないからだと言われている。極端にいえば、地域社会どころか、家族という集団も存在していないに等しいと言われている。家はそれぞれ個室に分割されていて、鍵がかかるようになっており、家族の集う場所がないというのが、いまの家庭のあり方だと言われている。つまり、家の中に孤立した個が存在するだけで、それが集まった共同体というものが存在しないのである。

共同体といえば、私がロンドンにいるときに住んでいる家は、もともと四階建ての一軒家を、階ごとにアパートにして分譲したもので、私の家のある通り全体が、同じ高さで、同じ建て方（玄関、窓、屋根など）の、材料も同じレンガやスレートで統一されている。特徴は、個々の家に庭がない代わりに、このクレッセントと呼ぶ斜めの通りと、その両端を走っている前後の通りとで三角形に囲まれている地域全体が共有の庭になっていることである。

通りから見ると、家で囲まれていて庭はまったく見えないが、二カ所にドアが隠れてついていて、二階以上の人たちは直接庭に出ることはできないが、鍵でドアを開けて庭に入れる。小さい公園ほどもあるこの庭は、言ってみれば個人所有の庭と公園の中間、私有の公園というところである。通りから隔離されているので、この中に入れるのはここの住人だけで、通りすがりの人は入れない。しかし、全体で二百軒以上のアパートがあるわけだから、全員でなくても、子どものいる家庭や老人たちはこの庭で過ごすことが多い。まったくの他人ではない、いわばご近所だけが集まる公園であり、お互いに知り合いだし、車の事故を心配せずに子どもを遊ばせることができる。大人は日なたで本を読んだり、おしゃべりをしながら、子どもに目を光らせている。

庭には花壇や芝生や大きな木があって、その手入れは近くのガーデンセンターの人が週二回ほどきてやってくれる。秋には落ち葉集めと枝の剪定、春には花を植えるなど、なかなかの大仕事である。その費用は住民全員で負担している。みんなで草むしりをすることなど、はじめから考えていない。お金を出してプロに任せたほうが効率がいいからだ。

自転車を持ちこんだり、サッカーや野球をしてはいけないことになっているが、幼児の三輪車はかまわないし、子ども用のボールを蹴ったり、輪投げなどは許されている。

夏の午後には、芝生に毛布を敷いて、日なたぼっこをしているビキニ姿の若い女性や、芝生でお茶を飲んでいる老婦人、夕方には手に手にワイングラスを持ってささやかなパーティが開かれるなど、互いに迷惑にならない程度に楽しむことができる。ただし、バーベキューなどはやってはいけないことになっている。

この庭に集まるのは八十歳すぎの老夫婦から、乳母車に乗せられた赤ん坊、上半身はだかで居眠りをしている中年のおじさん、編物をしているおばさん、ウォークマンを聴いている若い人、追いかけっこをしている小学生など、あらゆる年齢層にわたっている。人種のほうも、イギリス人はもとより、ロシア人、アラブ人、ドイツ人、アメリカ人、フランス人、日本人など多士済々である。黒人の姿が見られないのは、この辺りがもともと黒人が住む地域ではないことと、最近のすさまじい住宅の値上がりで、富裕な人の住む地域になっているせいである。

子どもたちが悪いことをすれば、ここに集まる近所のおじさん、おばさんが叱るし、赤ちゃんはみんなの注目をあびて、あやされたり抱かれたりする。

庭を抱えたこのような住宅地は十九世紀半ばに造られたもので、ロンドンが最も繁栄していたときの遺産であろう。ロンドンじゅう、どこにでもあるわけではないが、それでもあちこちに見られ（いったん造られると、取り壊したり建設会社に売ったりすることは法令で禁じられている）、庭付きの家を買うよりも、便利なアパート暮らしをしながら、しかも庭を楽しみたいという人びとの慰めになっている。たしかに、ぜいたくではあるが、核家族を中心とする都会の生活のなかで、地域共同体を生みだす有意義な生活設計であり、これに似た試みは豊かな社会では多くなされるべきではなかろうか。

話が長くなったが、家族でさえもそれぞれの殻にこもってしまい、家族とつきあおうとしない生活は、いかに物が豊富であっても、むなしいものではなかろうか。

子育てに苦労している若い専業主婦が東京の真ん中で、いや、真ん中だからこそ起こるのかもしれないが、ぐちをこぼす相手や相談する相手がいなくて、子どもを仲立ちとしたグループに加わり、それがいくら嫌でも、離れると孤立してしまうからと怖くて抜けられない。グループのなかにいじめや心理的な葛藤があっても、そこから抜け出ることができないでぐずぐずとそのなかにいるとしたら、それはいかにストレスの多い生活か。

子どもは社会の宝、国の宝などと言うと、日本のかつての軍国主義時代を思い出したり、社会主義国のスローガンを思い出したりして嫌悪感を感じる人も少なくないだろう。しかし、一人ひとりの親がわが子を自分の所有物、私有物と考えるのではなく、社会や地域という広いつながりのなかで子どもは成長するものであると考えることができなければ、子育ては辛い、嫌な経験になってしまう。もし、自分の子どもであっても、地域社会のなかで育つものだ、誰もが力を貸してくれるのだ、みんなの目が子どもの成長を見ているのだと考えることができれば、子育てはもっと楽になるはずである。

高齢者こそ子どものよき先生

高齢者にしても同じことが言える。自分の孫のことだけを可愛い可愛いと考えるのではなく、隣の小さい子や、町内の小学生、中学生の生活ぶり、成長ぶりも考えて、少しでもその助けとなることができれば、高齢者の生きがいにもなるし、子どもの生活も豊かになるだろう。先にとりあげた小学生生活実態の国際比較調査によれば、日本の子どもの六割が近所の人に叱られたことがないというが、天使のようにいい子ばかりだとは思えない。その原因は、大人が子どもに関心をもっていないことと、わざわざ憎まれ役を買って出ることもないと思っているからなのだろう。

地域の子どもの面倒をみることで、横のつながりができると同時に、世代間の縦のつながりもできてくる。子どものいない人も、いなくてせいせいすると強がりを言うのではなく、また周囲の人も、あの人は自分の子どもをつくらないから自分の老後の面倒をみてくれる人がいないんだと言って子どものいない人を突き放すのではなく、地域社会の安心、安寧を考えて「親役」「先生役」をみんなが買って出れば、それをする人にとっても喜びになり、よその大人たちが勝手にあそこの子どもは悪い、こちらの子どもは悪いというふうに非難することもなくなるだろう。

そうした「先生役」や「親役」をした経験がない人ほど簡単に、親が悪い、子どもが悪いと非難するものである。しかし、他人の子がみんな悪くて、自分の子どもだけをいい子にしよう、いい子になるなどということはあり得ない。他の子どもがみんな飢えているときに、自分の子どもだけお腹いっぱいに食べていられればそれでいいと思える人間は少ないと思う。ほかの子どもたちが飢えていたら、それは心安らかなことではないはずである。

動植物が個を犠牲にしてでも種を残そうとするように、人間もわが子のことだけを考えるのではなく、地域社会、社会全体、あるいは国、地球など、全体につながる考え方をするほうが、生き物として自然なはずである。

外部からの危機を経験することのなかった「幸運な戦後の日本、そして日本人」は、ほとんどの人びとが、自分の子どものことだけを考えていればいいと信じ込むようになってしまった。いま、日本の社会に充満している精神的な危機感、閉塞感というものは、そうした自分のことと自分の子どものことしか考えなかった生活のなかから生まれたものではなかろうか。

むしろ、わが子のことだけを考えていてもどうにもならない、わが子のことだけを考えていたのではだめだという徹底した絶望感があれば、その絶望感からかえって力が生まれてくるだろう。その力とは、みんなと一緒に、みんなと協力して自分のかかわる社会全体をなんとかしよう、よくしなければいけないと考えられるような力ではなかろうか。

そろそろ日本にも、そういう芽が出てきてもいいころである。

21　若者の無気力、依存体質を払拭するには

海外での経験から得られるもの

ミレニアム、二十一世紀と言って大騒ぎした一九九九年の暮れから二〇〇〇年の正月にかけて、ただひとつよかったことは、未来というものが、あらためて人びとの頭の中に入ってきたこと、未来という言葉が身近なものとして感じられたことだろう。

イギリスの田舎の村々では、この大晦日の夜に、教会が各家庭に蠟燭を配って、真夜中に電気を消して蠟燭に灯をともし、過去の千年、人類はなんとか生き延びてきた、来るべき千年も、なるべく平

和に豊かに幸福に生き延びていかれますようにと神のご加護を祈った。キリスト教国でない日本では、そんなことはしなかったが、多くの人びとが、千年とは言わずとも、これからの百年をどうしたらいいだろう、どうなるのだろうかと考えたにちがいない。

技術が進歩し、かつては不可能だと思われたことが可能になり、人びとの生活は豊かになり、差し迫った危機もないように見える。しかし、本当にそうなのだろうか。いたずらに心配事や恐怖感をあおり立ててカルト宗教のようなことは言いたくないが、本当に心配することは何もないのかと、人びとが疑っているのもたしかである。世界や地球に心配はないのだろうか。人びとの心に、思いがけない危機の種は蒔かれていないのだろうか。

未来を考えるときに、真っ先に思うのは子どものことであり、若い世代のことだろう。中高齢者の余命は知れたものである。しかしいまの子どもたち、その後の子どもたちはどうだろう。いまの日本社会のなかで、ときおり子どもたちや若い世代がみせるむなしさ、絶望感、そして疲労した姿、世の中をすねてみせる暗さ、そうしたおよそ若さや未来の明るさにはそぐわない顔つきや表情を見るにつけ、大人の心に反省の念が浮かぶのは当然だろう。

子どもの暗さや疲労感は、物の不足や自然の厳しさからくるものではない。かつての日本がそうであったように、あるいはいまも世界にある貧しい国がそうであるように、子どもたちが毎日お腹いっぱい食べ物を食べられなくて、体がだるくてじっと座っているのと、いまの日本の若者がコンビニでお弁当を買って、それを家へ持って帰ってテーブルで食べることさえせずに、コンビニの前のコンクリートの上に座りこんで食べたりするのとは事情がちがう。

自分の将来に何を期待していいかわからない、どうしていいかわからないという不透明感が、子どもたちの表情を暗くし、疲れた感じにしているのではなかろうか。何をしたって同じなんだということを意味する典型的な言葉に「別に」(この言葉を発音するときは「べーツニィー」と長く伸ばす)という言葉がある。別に何かしなければならないわけじゃない、何もしなくたってしたってそんなに変わらない、どうせ暇つぶしだ、何もする気はないなどという言葉は、およそ子どもらしくない言葉だが、これが、現在の日本の子どもらしさなのかもしれない。

ごまかしの希望や空々しい期待の言葉をいたずらに口にするのは避けなければならないが、生きているのはいいことだと思える、努力すれば一生が満たされるということが感じられるような、そんな生活を子どもに示すのが大人の義務ではなかろうか。

少年犯罪、暴力沙汰、非行、不登校まで含めて、イギリスでも子どもたちにまつわる問題は多い。しかし、イギリスの若い人たちは十代の後半から海外に出ていって、すすんで自分の未来を開拓しようとしている。自分の力で自分の将来を試そうとしているところに明るさと強さがある。イギリスはギャップイヤー(大学入学が決まったあと、一年間海外に出てボランタリー活動などをする制度)などに見られるように、教育制度のなかにもたくましさを評価することが盛り込まれている。伝統的、歴史的にそうであったように、若いときに世界に出て、自分の力を試し、体力と能力をぎりぎりまで追いつめてみることに、若い人たちは生きがいを感じている。座して養われる、誰かに依存するのを潔しとしないのがイギリスの伝統である。

一九九八年から、イギリスでは大学生は年間、一律千ポンド（約十七万円）の授業料を払わなければならなくなった。それ以前に生活費として与えられていた奨学金も廃止されていたので、いまでは大学生はローンで大学生活を送っている。授業料徴収に踏み切ったのは、最近のイギリスが好景気で、親の収入が増え、息子や娘の学費ぐらい十分に払えると政府が考えたからであるが、いざそうなってみると、特別に裕福な家庭を除いて、中流家庭であっても親が子どもの授業料を払わないことが多い。そうした大学生は銀行ローンで賄うか、親からのローンで賄っている。親が子どもの大学のための学費を払わないというよりも、子どものほうが親に頼りたくない、自分の学費は自分でなんとかすると考えている学生が多いのである。親に払わせるくらいなら大学へは行かないという若い人もいる。親や銀行からの借金ということになって、その返済のために多くの学生が夏休みや春休みだけでなく、週末にも、あるいは平日にもアルバイトをしている。十八歳を過ぎたら親を頼りたくないと考え、親のほうも子どもの授業料を払うのは親の義務などと考えないことは、日本人からみると驚くばかりである。

さて、若い人たちが海外に出て、自分の能力を試したあと、ふたたび自分の国に戻ると、かつて自分がおぼえていたとおりの、かつて自分が育ったままの、思い出のままのなつかしい故郷がそこにあることは、大変ありがたいもの、心休まるものである。海外で思う存分自分の能力を試し、辛い思いをし、そして生き延びてきたという満足感が、ふたたび郷里に戻った、戻ることができてよかったという思いとひとつになって、ふるさとの姿をこれからも維持し、子孫に残していきたいと思うようにさせるのである。

若い人たちは海外に出て行って、ときにはとんでもない間違いをやらかすし、命を落とすこともしばしばある。しかし、それは支払わなければならない代価であり、そうしてこそ人間は成長するのだとイギリスの人びとは理解している。おとなしい無気力さ、何を聞かれても「別に」と言って、いいとも悪いとも反応を示さない日本の若い人を見るにつけ感じるいらだちを、イギリスでは感じることがない。

先祖から受け継いだ命を子や孫につなげていく喜びを、毎日の生活のなかで、とくに若い母親に感じてほしい。自分の子どもに伝えていけるように子育てをやってほしい。このような意味での子育てを考える母親の努力は、いまの日本で最も必要とされているのである。

自分で自分の力を試すこと

子育ての第一条件は、健康な子ども、体力のある子どもを育てることだろう。いまの日本の社会を覆っている不安感、将来どうなるのだろうという不安感は、おそらく社会のなかに、若さや体力が感じられない、見いだせないというところからくるものだろう。

若い人たちに、どうも体力がないらしい、どうも力がないらしいというところから、年とった人たちまでがどうなるのかわからないという閉塞感に襲われている。これだけ豊かで恵まれている日本に、すべての条件が備わっているにもかかわらず、未来につなげていく力が感じられないというのはどういうわけだろう。

若い人たちに体力がないというのは致命的なことのような気がする。考える力、あるいは生命力と言われるようなものも体力から出発している。とにもかくにも体力がなければ人間は生きていけない。病気でもなし、障害もないというふつうの子どもたちのなかに、走る力や跳ぶ力、そして立っている力、労働をする力、遊ぶ力がないとしたら、無視できないことである。

ロンドンの盛り場に来てまで「ジベタリアン（路上にべったと座りこむこと）」をやっている日本の若者を見かける。ロンドンでは地べたに座っているのは、もの乞いをしているホームレスや難民が多いが、日本の若者は明らかにそのどちらでもない。お腹がすいて動けないわけではないだろう。もしかしたら、ポケットにはおみやげを買うお金がたっぷり入っているかもしれない。

しかし、イギリス人はそうとは知らないから、日本は不況と聞いていたけれど、ここまでひどくなって三度の食事ができなくなったのかと思った人もいるくらいだ。ロンドンのヒースロー空港の出発ロビーに行くと、出発を待つ日本の若い人が五人、十人とコンクリートの床の上に座っている。座ってしゃべったりゲームをしたり、おみやげを見せあったりしている。カートを押している他の人の邪魔になろうとおかまいなし、動こうともしない。見まわしてみて、ほかには床に座り込んでいる人はひとりもいない。インド人も、アラブ人も、ヨーロッパ人も、出発を待つ三十分や一時間のあいだに座り込んでしまったりしない。日本のジベタリアンは世界じゅうに広がっている。

ジベタリアンは体力の問題でもあるが、気力の問題でもある。立っているというのは訓練のひとつで、以前は学校で（あえて軍隊とは言わないまでも）「直立不動」の姿勢をとらされたものである。

イギリスでパーティといえば、これまた立つ訓練のようなもので、軽食付きのパーティでは二時間ほど、若い人も老人も、足の悪い人までみんな立って話したり、飲んだりしている。誰だって楽をしたい、立つよりは座るほうが楽で、座るより寝ころぶほうがもっと楽だけれど、立っていることで緊張感をもって他人と接するのが礼儀というものである。

それはともかく、若い人たちにとっていちばん大切なことはまず体力をつくることだということがやっと少しずつわかってきて、いま文部省が提案している案のなかには、知力を育てるための義務教育は週三日にして、あとの週二日はスポーツをやる日にしようというものもある。

しかし、それが実際におこなわれるものなのかどうか。また、それが日常生活のなかで具体化したときに、それにともなう施設や、親の協力や先生の指導が得られるものなのかどうか。案だけはいくらいいものを出しても、それにともなう具体的な策や財源、さらに先生を育成しなおし、地域社会を変えていくような具体的な政策がともなわなければだめなのである。

受験受験といって、いわば知力でもない、考える力でもない、暗記の力だけを試されてきた若い人たちが、暗記の力がいらなくなったときに、何か空々しくむなしくなって、今後どうしていいかわからなくなるというのは当然のことだろう。

体力があって頑張れる子ども、忍耐力のある子どもを育てるいちばん大きな条件は、そのための学校をつくり、それを指導できる先生や地域の人を養成することである。なんとかして体力のある若い人を育て、その体力と、それにともなう考える力をもって海外に出て、世界の人びとと協力して働き、あらためて日本に帰ってきて、日本のよさを感じ、日本のなすべきこと、やるべきことを知って、日本の未来をつくっていくということがいまいちばん必要とされているのではなかろうか。

子どもたちがそういう未来をつくっていくためにいちばん大切な役割を果たすのは、小さいときからの子どもにたいする母親の態度である。

海外に出て少しの間でも暮らしたことのある人間なら、食べ物のない国に行っても、子どもたちは若さに満ち、力に満ちていて、跳ねまわり、走りまわり、もし飢えていれば、自分の手で盗んででも口に入れるものを探そうとするというように、自分の命を守る術に長《た》けていることに気づくはずだ。日本の子どもたちのように、親が養ってくれるだろう、将来いくつになっても、親のもとにいれば安全だなどと呑気なことを考えている子どもたちは少ない。自分で自分の力を試す、自分で生きていくということがごくあたりまえのことになるような、そんな子どもを育ててほしい。それがいまの若い母親に求められている最大の役目だと思う。

あとがき

長崎から羽田に着いて、同じ飛行機に乗っていた修学旅行帰りの高校生たちが、そこで解散したらしく、どっとモノレールに乗ってきた。夕方六時すぎのラッシュアワーである。幸い、私は隅の座席に座れて、ほっとしてふと見ると、ひとつ前の四人掛けの席にさきほどの高校生の女子二人が掛けていた。それぞれ、自分の隣の席に荷物を置いている。斜めに向かい合って掛けた二人は電車が動きだすと、さっそくカバンから携帯電話を取りだして、「いま着いたよ、モノレールの中、あんた何してんの」などと話している。つづいて、化粧品を取りだして眉毛を描いたり、口紅を塗ったり。それからルーズソックスを取りだして、それまではいていた紺のソックスとはき替えた。

その間、駅に停まるたびに、続々と会社帰りの勤め人が乗ってきて、みんな空席を探している。満員の車内で、この二人の隣だけが空いているから、オジサンたちはそこを目がけてやってくるのだが、それを知っていて二人は近づくオジサンたちをぐっと睨みつけ、太い足を空席の上に突きだしてソックスを自分の好みにたるませている。彼女たちに睨まれ、太い足を見せつけられると、突進してきたオジサンたちは悲しくもさっと背を向けて新聞など取りだして読みはじめる。駅に停まるたびに、そんなことがくり返されて、羽田から終点の浜松町まで、満員電車の中、二人の女子高校生は悠々と四人掛けの席を独占していた。

誰か強い男が来て、「キミ、そのカバンをのけて他の人を座らせなさい」と言ってくれないかと私は必死で願っていたが、ついにそんな男性は現れず、女子高校生は「私たちが睨みつければ、男なんてみんな引っ込んじゃう。恐いものなし」と自信満々、今後もそんな行動をとりつづけるのだろう。

どこにでも見られる若い人のこんな行為を目にするたびに、この子たちを育てた親はどんな人だろうと考える。この女の子たちは家へ帰っても、やりたい放題、自分の好き勝手に振る舞って、「親なんてメじゃない」と見せつけるのだろう。親のほうは、そんな振る舞いに恐れをなして、ひたすら逆らわないようにしているのだろう。近所の人も、若い人に小言を言うこともないのだろう。

こんな振る舞いをして得意になっている若い人を見るたびに、私はかわいそうにと思わずにいられない。親が無責任だったために、怠け者だったために、しつけも、お仕置きもしないで子どもを放っておいて、子どもは一人前の人間としてのマナーも礼儀も身につけず、まともな社会では誰にも相手にされないような人格になってしまったのだ。

モノレールの中で見た女子高校生はちゃんとした高校へ通っている子どもたちである。高校や大学という、いわば高等教育を受けている人間と、このように無作法な、人を人とも思わない行動とが私の頭の中では結びつかない。私が住んでいるイギリスにも、マナーも、他人への気づかいもない子どもがいるが、それらの子どもはほとんどの場合、親がアルコール中毒だったり、大都会の貧困の中で育ったり、まともに食事も与えられないような、そんな家庭で育った子どもである。それはイギリスの深刻な社会問題であるが、その子たちは制服を着て、飛行機で修学旅行に行くような「中流家庭」の子どもたちではない。「ふつう」の家庭、「まとも」な親の子どもが、まともな人間に育っていないというのが、いまの日本の問題である。

母親が働きに出るのが悪い、女がフェミニズムにかぶれているのが悪いと男性の有識者はよく言うが、私に言わせれば、悪いのは父親である。いったい、父親はどこにいるのだろう。立派な社会人であるはずの父親は、家庭にあっては無責任で、ひとりよがりで、自分の子どものしつけもできない無能者なのだろうか。

戦前は言うまでもなく、戦後もしばらくは日本の家庭には父親の姿が見られた。父親は重い存在感を示して、子どもにとっては頭の痛い、早く逃れたい存在であった。専制君主的な父親はいまは存在しなくて当然だし、父親自身がそうでないことにほっとしているのだろう。はっきり言えば、家庭の責任なんてゴメン、子どものしつけは母親がやればいい、いや、誰もしなくていい、友だち親子で十分だと気楽に考えているのではないか。それなら、ユダヤ人家庭のように、女系家族として母親が断固、家族の手綱を握っているかというと、そうでもない。母親もまた、できることなら子どもを放ったらかして、カルチャーやら自己実現やらに精を出したいのである。幼いときから、あり余るほどのおもちゃに囲まれ、女の子なら人形やブランド品や化粧品、男の子はテレビゲーム、コンピュータに、携帯電話と、モノとカネがすべての生活をして、あとは塾通い、家庭教師について丸暗記の受験勉強、それで有名校に入学すれば、親も祖父母もさらに欲しいものは何でも買ってくれる。そして、身近に、人間として尊敬に価する手本はない。

家族はいまやバラバラの砂粒となって、それを個性と言い、自由と言う。誰にも生き方を教わることのない子どもたち、二十歳をすぎても働いてみずからを養う必要のない若い人たち。でも、お金は欲しい、買うと自慢になるようなものが宣伝されているから。

生き方を教わらずに、しつけを受けずに育って、あとで苦しむのは当の子どもたちである。大人よ、親よ、若い世代が気持ちよく生きられるように、真剣に彼らを育てようではないか。

マークス寿子

二〇〇〇年三月二十日　ロンドンにて

ふにゃふにゃになった日本人

✻✻✻✻✻

著者との申し合わせにより検印廃止

2000年4月25日　第1刷発行
2000年6月2日　第10刷発行

著　者　マークス寿子
装幀者　中島かほる
発行者　加瀬昌男
発行所　株式会社　草思社
〒151-0051　東京都渋谷区千駄ヶ谷2-33-8
電　話　営業03(3470)6565　編集03(3470)6566
振　替　00170-9-23552
印　刷　壮光舎印刷株式会社
カバー　株式会社大竹美術
製　本　大口製本印刷株式会社
ISBN 4-7942-0964-9
Printed in Japan

草思社刊

マークス寿子 **とんでもない母親と情ない男の国日本**	母親の野心がダメな男をつくる！　子どもを支配する母親、ブランド狂いの女、腐敗したエリート、幼稚な大学生まで、日本人の生き方に痛烈な警告を発した書！　本体1500円
マークス寿子 **ひ弱な男とフワフワした女の国日本**	日英の大学で教授経験をもつ著者がみた日本は？　高官の汚職、援助交際、バーチャルな世界に浮遊する若者。この絶望的な日本を国際的な視点から厳しく批評。　本体1600円
河上亮一 **学　校　崩　壊**	現場の中学校教師の言葉がこの本で初めて多くの人に届いた！　学校が今日のような崩壊状態に至った原因を明らかにし、再生への道を探った話題のベストセラー。　本体1500円
喜入　克 **高校が崩壊する**	公立高校の半数はいまや街中と同じになった。廊下では男女が抱き合い、授業中の携帯電話や化粧、窃盗さえ日常茶飯事に。現場の教師が明かした恐るべき実態。　本体1500円
小浜逸郎 **子どもは親が教育しろ！**	学校任せはもう古い！　公教育を縮小し、時代に合った教育メニューを充実させれば、いじめも不登校も解消する。学校より親が責任を持てと説く、これからの教育論。　本体1500円
小滝好男 **教師として、父として** 私の子育て実践記	こんな時代でも良い子は育つ！　公立中学校の教師として、三男児の父として、いまの時代に必須のしつけの要点を説く。独自の信念にもとづく硬派の子育て論。　本体1500円
森口　朗 **偏差値は子どもを救う**	平等主義を捨てないかぎり、学校は子どもを救えない！「落ちこぼれ」経験者が、低学力化をくいとめるための現実的な学校再生案を説く。「わが子の救い方」付き。　本体1900円
松村加津子 **今日も娘が学校へ行かない！**	うちの娘がなぜ登校拒否に？　それは私の「愛情不足」のせいなのか。仕事への未練を断ち切れなかった一人の母親が、その悩みと闘いの日々を綴った痛切な体験記。　本体1500円
黒沼克史 **少年にわが子を殺された親たち**	犯罪の加害者だけが守られ、被害者は置き去りにされるという理不尽な現実を、いままさに生きている6家族に寄り添うようにして描いた、心を揺さぶる注目の書。　本体1600円

定価は本体価格に消費税を加えた金額になります。